佐藤 優
本村凌二

宗教と不条理

信仰心はなぜ暴走するのか

GS
幻冬舎新書
717

まえがき

よく考えてみると当然のことだが、人間だけが神なるものを崇めている。ほかの生物にはない人間固有の振る舞いだとすれば、ホモ・サピエンスというヒト科の動物が人間になるのに宗教は決定的な役割を果たしたと言えるのではないだろうか。

合理性を求める近現代社会では、政治・経済・国際関係などの諸問題におされて、宗教は後方に隠れがちである。しかし、昨今にあっても、ロシア・ウクライナ問題にもパレスチナ・イスラエル問題にも、その核には宗教あるいは信仰心の問題がひそんでいるのではないだろうか。

世界史を見渡せば、歴史をゆるがす出来事の背後に生きる人々の言動を、時に神々が左右し、時に言動の裏に神の影がちらつくのは否定できない。それだけ宗教の力は歴史の中の大きな問題であるのだ。

この点に思いをめぐらすとき、現代の諸問題について論壇で活躍されている佐藤優氏の顔が頭に浮かんだ。氏は広い視野と知識を持たれていることは言うまでもないが、同志社大学大学院神学研究科を修了し、現在でも同大学で教鞭をとっておられる。少しばかり顔見知りでもあったことから、「世界史の中の宗教」のようなテーマで対談していただけないかとお願いしたのが本書の発端だった。

対談は、「宗教」と「神学」とはそもそも異なるのだという初歩的な内容に始まり、さまざまな問題におよび話題がつきないほどだった。現代にあっては、ユダヤ教・キリスト教・イスラム教などの緊張関係がメディアで取り上げられたりはするが、世界史を振り返れば、それら一神教に起因する出来事ばかりではなく、複数の神々を崇めていた多神教の時代がはるかに長く広くあった。このことを私たちは忘れがちである。

われわれ日本人は、お正月にはいろいろな神社・仏閣を訪ねてそれらの神仏にお参りすることになんら違和感もないだろう。その実感は、歴史の大部分の人々と同じ価値観を持っているという点である意味では幸いかもしれないのだ。

現代にあっても歴史にあっても、政治や経済の動きは目につきやすいが、それを追いかけているだけでは世界はわからないのではないだろうか。民族や国家あるいは社会や文化の背景には、宗教が厳然としてあり、目に見えない原動力となって現実の世界を動かしているかもしれない、いや、そうにちがいない。
佐藤氏は博識なばかりか、分析力や洞察力において余人の追随を許さないものがあり、そのおかげで、歴史上の諸事件はもちろん、現代の諸問題にあっても、宗教抜きには語れないことが改めてよく理解できるだろう。

　宗教という名で呼ばれる人間行動の諸現象は、何も特定の神あるいは神々を崇める行為だけを指すのではない。占い、お守り、手相、姓名判断やらの超自然的な力への畏怖感のようなものも含まれており、無神論者や信仰心なしと自認する人々にとっても身近な、日常生活のどこにでもありふれた出来事であるだろう。

　はるか昔から現在まで、われわれは科学では説明がつかない物事を信じ、時に支配されてきた。そのような超自然的な力への畏怖感について、時には立ち止まって考えてみることは、人間相互の理解には欠かせない。それを今回の対談でお伝えできるとすれば望外の喜びである。

本村凌二

宗教と不条理／目次

構成　岡田仁志
DTP　美創

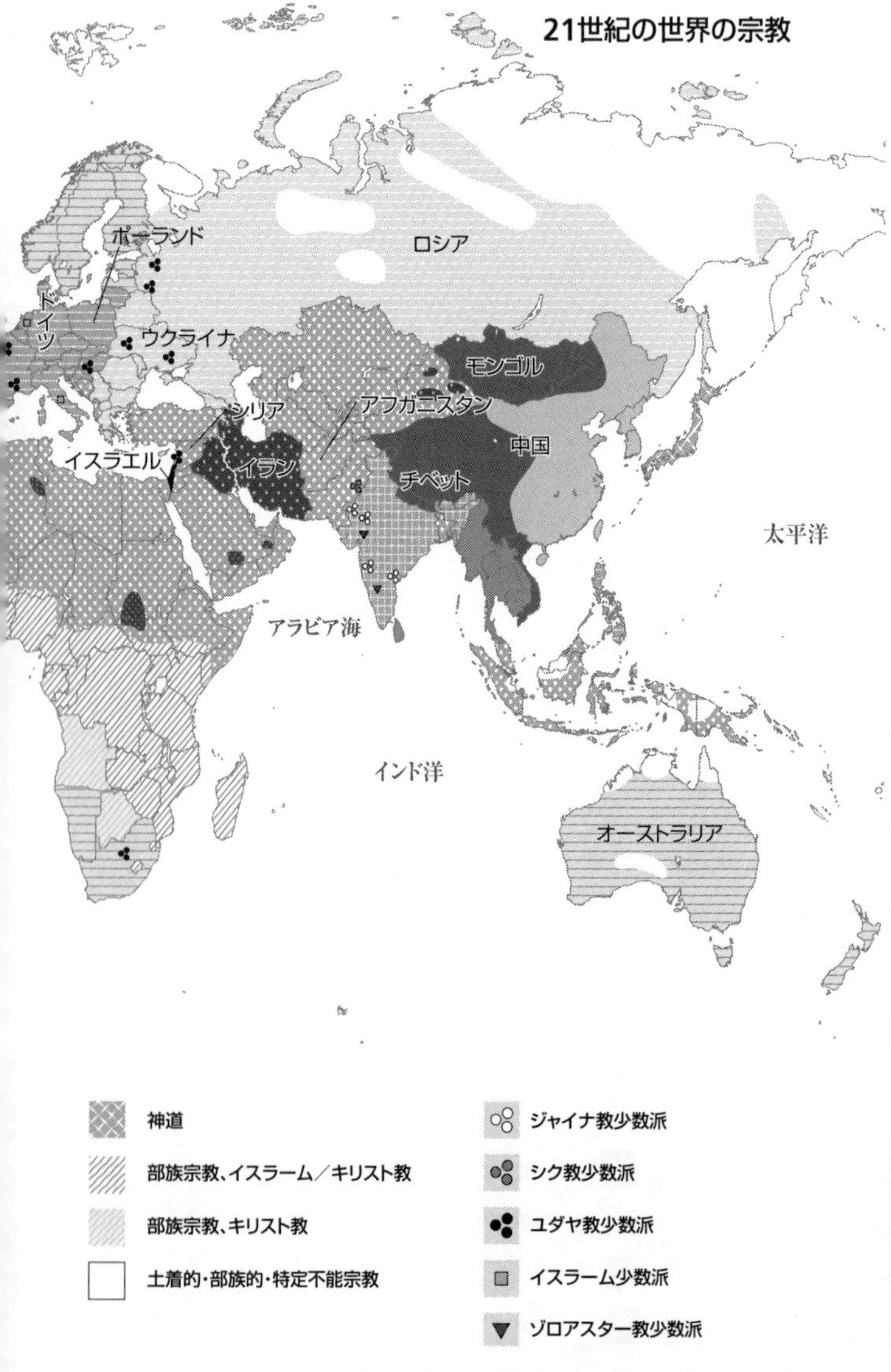

出典：『地図で見る世界の宗教』ティム・ダウリー著/蔵持不三也訳（柊風舎）

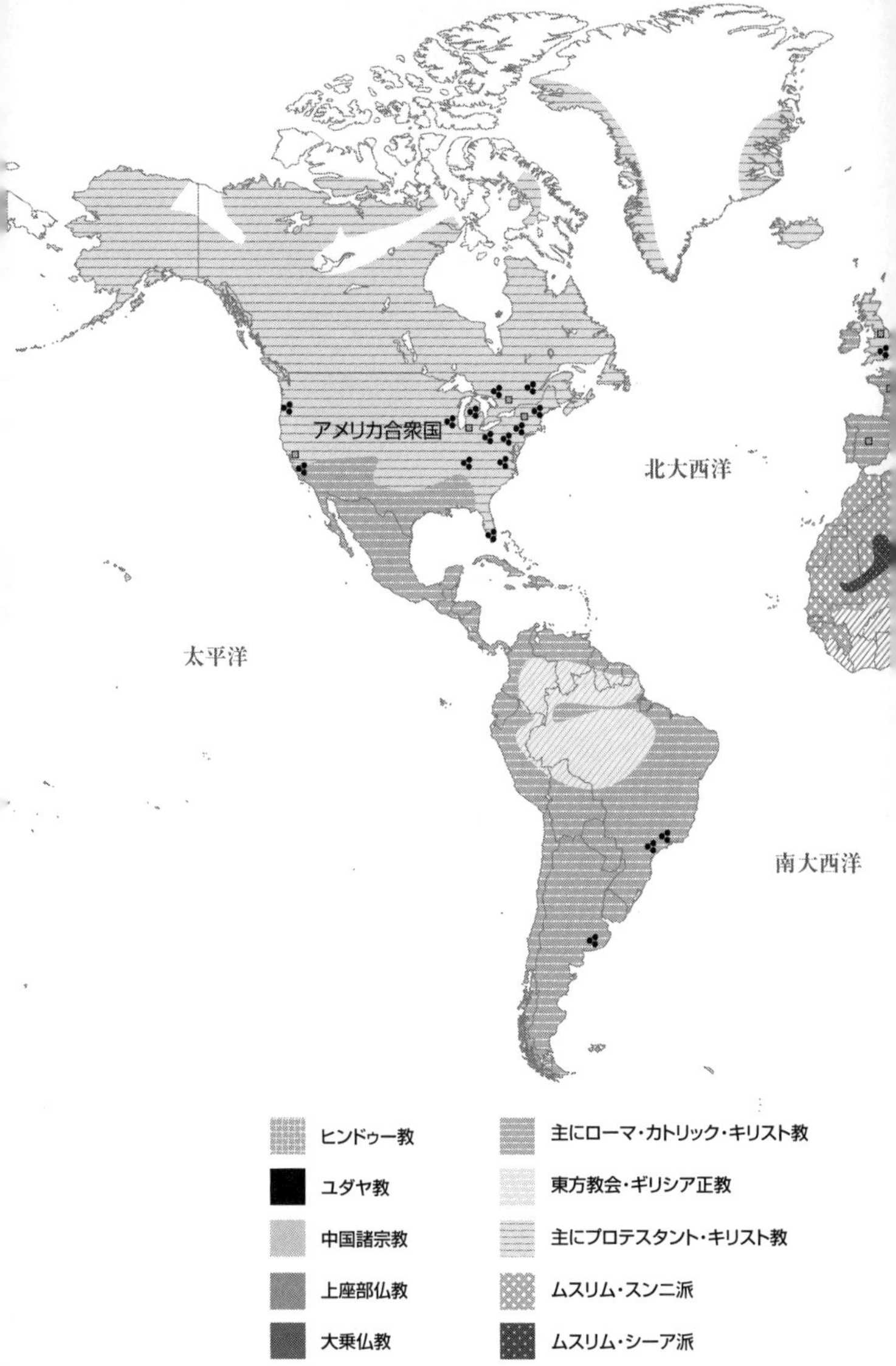
アメリカ合衆国
北大西洋
太平洋
南大西洋
ヒンドゥー教
ユダヤ教
中国諸宗教
上座部仏教
大乗仏教
主にローマ・カトリック・キリスト教
東方教会・ギリシア正教
主にプロテスタント・キリスト教
ムスリム・スンニ派
ムスリム・シーア派

第一部　蘇った宗教戦争

——ロシア・ウクライナ戦争の背後から

近代合理主義の限界と宗教というファクター

本村　古代ローマ史を研究してきた僕から見ると、いまの歴史教育はルネサンス以降、あるいはフランス革命以降の近代史を重視しすぎて、前近代が軽視されているように感じます。

もちろん、自分たちにとって身近な時代のことを知りたいのはわかりますし、たしかに近代について学ぶのは大事だとは思いますよ。とはいえ、五〇〇〇年に及ぶ人類の文明史のうち、四〇〇〇年は古代ですからね。切り捨てていいわけがありません。

ところが高校の世界史の授業でも、古代からやっていると時間が足りなくて二〇世紀までたどり着けないという理由で、近代史から始めたりしています。それはいいことです。しかし、身近な時代は馴染みやすいので自分の感覚で理解できる面がありますが、遠い昔のことはリアリティを感じにくいですよね。だからこそ、前近代、とくに古代のことは本来より深く勉強する必要があるでしょう。

それに、長い前近代史は、その後の歴史を読み解く上でのひとつのモデルとしても重要です。とりわけ宗教の問題は、現代の社会でも避けて通ることができません。いまも世界情勢に大きな影響を及ぼしているユダヤ教、イスラム教、キリスト教という一神教は古代地中海世界で生まれました。

そしてロシア・ウクライナ戦争など、現代の国際問題を捉える上で宗教的視点は欠かせません。そこで今回は、国際情勢に詳しく、キリスト教の神学者でもある佐藤さんと、近代社会における宗教の存在意義や、宗教と戦争との関係などについて、じっくり語り合いたいと思いました。

佐藤 近代的な価値観や常識は、必ずしも人類史全体に通用するものではありません。しかも近代という枠組みそのものが、二〇世紀以降はいろいろな意味で限界を迎えようとしています。

したがって、いまは近代とは異なる世界像について考えを深めなければいけないと私も考えていました。そのためには、前近代史の専門家の力を借りる必要があります。そういう意味で、こうして本村さんとお話しする機会が得られたのは、私にとっても大変ありがたいことです。

一八世紀的な近代合理主義は、ロマン主義的な反動もある程度はあったものの、一応は一九世紀を乗り切りました。しかしその後、近代的な合理主義と科学技術の発展が何をもたらしたかといえば、第一次世界大戦における大量殺戮と大量破壊です。その時点で、すでに近代の限界は見えていました。

ところがその問題が解決されないうちに、第二次世界大戦はアメリカが物量にものを言わせて勝ってしまった。これは「合理的なやり方をしたほうが勝つ」という意味で、一八世紀型の戦争です。

その結果、第一次世界大戦で見えた近代の限界が、第二次世界大戦では逆に見えにくくなりました。自由と民主主義を謳歌し、物量をたくさん生産できる経済力を持つ者が強い——という話になったわけです。

「マインドコントロール」は宗教だけの話ではない

本村　なるほど。そのためわれわれは、限界を迎えたはずの近代合理主義であるのに、その枠組みからまだ抜け出せていない。しかし実際には、近代合理主義では割り切れない「宗教」というファクターが、国外でも国内でも常に社会に影響を及ぼしていますよね。

佐藤　とりわけ二〇二二年は、宗教をめぐってさまざまな問題が噴出した嵐の年でしたね。日本国内では、安倍《あべ》晋三《しんぞう》元総理の銃撃事件によって、旧統一教会（世界《せかい》平和《へいわ》統一《とういつ》家庭《かてい》連《れん》合《ごう》）問題が浮上しました。じつはこの問題をめぐる議論の中でも、近代合理主義の限界が露呈しています。

というのも、旧統一教会を批判する人たちのロジックは、単純な啓蒙思想に基づいています。「宗教のように非合理なものを信じて多額の金を寄付するのは、マインドコントロールによって理性を失っているからだ」というわけです。

しかしマインドコントロールによって非合理なものを信じることは、宗教にかぎらず、あらゆる局面であるわけですよ。たとえば「厳しい受験競争に勝って難関大学に入学すれば将来は安泰だ」と信じている受験生やその保護者も、そういうマインドコントロールを受けていると言えます。

本村　それこそ人権思想を多くの人々が信じているのも、ある意味では近代社会によるマインドコントロールの結果と見ることもできますからね。歴史的には、たとえばヨーロッパで起きた一八四八年革命が、人々が人権思想に洗脳されたと見ることができる最たる出来事です。この年に、カール・マルクスとフリードリヒ・エンゲルスによって『共産党宣《きょうさんとうせん》言《げん》』が刊行されています。

約半世紀前に起きたフランス革命もあって、人権思想が人々に浸透した結果、普通選挙の実現を拒否した王政に反発して革命が起こり、フランスは第二共和政に移りました。まだ領邦国家が群立するイタリアにすら人権思想が広まり影響がもたらされたほどで、ヨーロッパ中がある種のマインドコントロール下にあったと言えるでしょう。

　近代社会でなくとも、ローマでは共和政に対する信奉が根強く、これも見方によってはマインドコントロールと捉えることができます。カエサルがこの体制を破壊したことで、暗殺にすら発展しているわけです。

佐藤　おっしゃるとおりです。旧統一教会問題では、被害者救済のための新法にこの「マインドコントロール」なる文言を入れるかどうかが議論になりました。これは、きわめて危うい議論です。

　たとえばキリスト教なら、「生殖行為なしに生まれた男の子が救い主となり、その救い主は死んでから三日目に復活した」という教義が、ほとんどの教派で採用されています。こんな非合理な話を信じているのですから、キリスト教徒はほぼ全員がマインドコントロールされていることになる。したがって、もしマインドコントロールを法律で禁止できるとなれば、キリスト教を禁止できることになるわけですよ。

本村　世界中が大騒ぎになって、戦争になるでしょうね。実際、八世紀に中世スペインで起きたレコンキスタ（国土《こくど》回復運動《かいふくうんどう》）がそうでした。キリスト教徒、ムスリム（イスラム教徒）、ユダヤ教徒がこの土地には共存していたわけですが、キリスト教徒がムスリムたちを追い出そうとしたわけです。一四九二年に成功したものの長きにわたる混乱に陥りました。

一方で、それとは反対に東のオスマン帝国は非常に寛容で、国教はイスラム教でも、キリスト教徒やユダヤ教徒も受け入れています。とくにユダヤ商人の活躍は、オスマン帝国が繁栄する大きな要因にもなりました。マインドコントロールを禁止するとなると、宗教を互いに認めることは不可能になってしまう。

佐藤　それを議論すること自体が危険すぎますよ。そういう危うさに対して鈍感になってしまうのが、啓蒙思想というマインドコントロールの怖いところです。

近代的な思考に限界があること自体は、日本では一九八〇年代にいわゆる「ポストモダン」的な思想が嵐のように吹き荒れて以降、みんな口やかましく言ってきました。ところが、いざ日常的な問題を前にすると、単純な啓蒙思想で片づけようとするんです。

もうひとつ、多くの人々が依存しがちな考え方があるとすれば、ナショナリズムですね。国民国家の概念も前近代にはなかったものですが、いまはそれが自明の枠組みであるかのように語られる。一八世紀的な啓蒙思想と一九世紀的なナショナリズムによってほとんどの物事が動いているのが、現在の世界です。

疫病・戦争・飢餓をめぐる「ハラリ・モデル」の崩壊

本村　啓蒙思想もナショナリズムも、近代の産物にすぎません。人類の文明史全体から見れば、最近になって出てきた新しい枠組みです。しかしそれが普遍的な「常識」だと思い込まれているから、疑おうとしないんですよね。

　イスラエルの歴史学者ユヴァル・ノア・ハラリは、『ホモ・デウス　～テクノロジーとサピエンスの未来』（柴田裕之訳／河出書房新社）という著書で、人類は疫病、戦争、飢餓《きが》を撲滅する時代に近づいていると言いました。すでにそれらが「撲滅された」と言ったわけではありませんが、その本が出てから間もなく、新型コロナウイルス感染症によるパンデミックが発生したのは皮肉です。

　まあ、いまから考えれば、疫病についてはハラリの予想どおりにならないことは十分にあり得ました。しかし戦争に関しては、「もうそれほどひどい争いは起きないのではないか」と現代人が考えていたのはたしかだと思います。

　ところが、ハラリの予想を嘲笑うかのような戦争がウクライナで始まりました。前近代史をやっている私の目には、フランス革命以前の時代に覇権主義を掲げて行われた戦争と似たことが起きたように見えます。そういう意味で、ロシアのウクライナ侵攻は衝撃的でした。

佐藤　いわゆる「ハラリ・モデル」の崩壊ですよね。ロシア・ウクライナ戦争だけでなく、二〇二三年十月七日に起きたパレスチナ自治政府のガザ地区を実効支配するイスラム教スンナ派武装集団ハマスによるイスラエルに対するテロと、その後のイスラエル軍によるハマス掃討作戦も、ロシア・ウクライナ戦争以上のインパクトを国際政治にもたらしました。二〇一八年と二〇二〇年のダボス会議（世界経済フォーラムの年次総会）で、ハラリは基調報告を行いました。つまりその時点までは、世界の政治エリートや経済エリートたちが、今後の世界は「ハラリ・モデル」にしたがって動いていくと思っていたわけですよ。

　しかしそのモデルに反して、人類は疫病も戦争も克服できていませんでした。それに関するハラリの釈明文の翻訳が朝日新聞に載りましたが、ほとんど説得力がありませんでしたね。私の見立てでは、すでに時代はハラリからエマニュエル・トッドに移っているんです。

トッドの『我々はどこから来て、今どこにいるのか？』（堀茂樹訳／文藝春秋）には、ハラリに関する言及も引用も一切ありません。それ自体が、ハラリに対する彼の端的な評価だと思います。おそらくトッドの認識では、ハラリなど視界に入れる水準にも達していないエセ学者ということなのでしょう。

本村　人口動態学を基本に据えて、家族類型によってデモクラシーを分析したところがトッドの慧眼ですね。

社会の「無意識」に着目したエマニュエル・トッド

佐藤　トッドに言わせれば、民主主義は普遍的な概念ではありません。フランス革命が起きたパリ盆地という広大なエリアの家族形態には、もともと親子関係が権威主義的ではなく、遺産の分配が女子も含めて平等になされるという特徴がありました。

ちなみにアングロ・サクソン系の国々は、親が遺産配分を自分の意のままにできます。トッドはそれを「絶対核家族」と名づけました。一方、同じ核家族でも、フランスのパリ盆地には平等主義的な遺産相続のルールがあるので、「平等主義核家族」と呼ぶわけです。

その家族システムがもっと広い集団にも適用されるから、そういう家族形態を持つ地域では、人類も平等だと考える。したがって、フランス革命がパリ盆地で起こらなければ、そこで掲げられた「自由・平等・友愛」というスローガンのうち、少なくとも「平等」は普遍原理にはならなかった——それがトッドの見方です。

それに対して、ドイツや日本は「直系家族」であり、後継ぎを基本的には長男ひとりだけに絞るので、生まれながらにしてきょうだいは不平等なんですね。そのため、家長であるところの長子が家族の面倒をみる責任を負ったり、不平等を是正する何らかのアファーマティブ・アクションを採用したりもするわけですが、家族における不平等が基本になるので、こちらは人類も不平等だと考える。そのため、フラットな国際関係がつくれない。国と国の関係でも、「どっちが兄でどっちが弟か」が重要になるんです。たとえば「大東《だいとう》亜共栄圏《あきようえいけん》」の建設を目指していたときは、日本が兄貴で中国やタイやフィリピンは弟分でした。戦争に負けたら、逆に「日本はアメリカの弟分」になったわけですが、それはそれで受け入れて満足しちゃうわけですよ。

トッドによれば、そういう家族形態は社会を「無意識」のレベルで動かしています。「意識」レベルにある経済や政治は五〇年スパンで機能するのに対して、「無意識」レベルの家族形態は五〇〇〇年スパンで機能するので、社会にとってものすごく大きな制約要因になっているんですね。

　このように、トッドは社会の変化をきわめて深いところから考察しています。そういう議論が説得力を持つ一方で、「バイオテクノロジーやＡＩの発展によって、一部の人間たちにはバラ色の未来が保証される」という「ハラリ・モデル」は急速に力を失っている。リアルに疫病と戦争が発生して、ハラリの未来予測が見事に外れてしまったのですから、それも当然です。

疫病が戦争を、戦争が飢餓を誘発する？

本村　「疫病」と「戦争」に関するハラリの予測が外れたことが自明な一方で、もうひとつの「飢餓」だって、戦争の影響で海上輸送などが滞れば現実化するかもしれませんしね。「疫病」「戦争」「飢餓」は歴史の中でもこれまで三セットで何度も繰り返し起こってきました。しかし、二一世紀になると、疫病や感染症で亡くなる人よりも老衰で亡くなる人のほうが多くなっていたわけです。戦争で亡くなる人も減って代わりに自殺者が増え、飢餓にしてもむしろ肥満で亡くなる人のほうが多くなった。
　ところが最近になって「疫病」も「戦争」も起きてしまった。混乱が続けば生産活動が順調に進まず流通や交易も阻害されて、食糧危機にまで発展する可能性もあり得ます。時代が逆行している。

佐藤　それについては、農林水産省の事務次官だった末松《すえまつ》広行《ひろゆき》氏の『日本の食料安全保障～食料安保政策の中心にいた元事務次官が伝えたいこと』（育鵬社）という面白い本があります。日本は生産額ベースなら六七％ぐらい食料自給ができていると主張する人がいるけれど、その数字はあまり意味がない。なぜなら価格が高い高級果物ではいざというときに国民の腹を満たすことができないからです。さらにいまの日本は購買力が低いので、たとえば小麦にしても中国やインドに買い負けているそうです。日本の食料自給率はカロリーベースでは三八％しかありません。この状態で物流が停滞する状況になれば、とんでもない飢餓が起きる可能性もあるんですよ。

そうやって戦争が飢餓の引き金になり得る一方で、今回は疫病が戦争の引き金になったのかもしれませんよね。

というのも、通常ならバイデン大統領とプーチン大統領は年に一回は会うんです。ところがコロナ禍のせいで、会わなくなりました。顔を合わせず、報告書だけ読んで相手の動きを見ていると、悪いイメージが拡大していくんですよ。

本村　たしかに、書類を見ているだけでは疑心暗鬼が募るでしょうね。

佐藤　そうなんです。たとえば二〇二二年二月二一日のロシア連邦議会における年次報告演説で、プーチンは「アメリカが近く核実験をする」と言ったんですね。そう認識していたから、アメリカの核実験に備えて、ロシアの国防省とロスアトム（ロシアの国営原子力企業）に対抗核実験の準備を指示した、新ＳＴＡＲＴは停止する、ただし離脱するわけではない——などと語ったわけです。

　当時のプーチンには、アメリカがそういうことをするように見えていたのでしょう。相手が悪意や敵意を持っていることを想定していると、それを裏づけるような情報ばかり見てしまうんです。客観的に見れば、アメリカが核実験をすることなどあり得ません。しかしプーチンの目にそう見えれば、それを前提にして物事が動いていくんです。

　ちなみに日本の国内政治でも、コロナ禍によるコミュニケーション不足の影響はありました。たとえば、いわゆる「アベノマスク」がそうでしょう。ふだんどおりに安倍さんがいろんな人と会って話をしていれば、ひとりの秘書官に「これでイケまっせ」と言われただけでゴーサインは出さなかったはずです。首相官邸で秘書官団とだけ弁当を食べながら話しているから視野が狭くなって、専門家の見方も世間の雰囲気もわからなくなってしまうんですよ。

SNSで、星野《ほしの》源《げん》の「うちで踊ろう」という動画の横に自宅でくつろぐ姿を投稿してスべったのも、同じ理由。ああいうズレた行動は、情報空間のズレから生じるんです。そういう点でも、コロナ禍は政治に影響を与えました。国家間の誤解も、直接会えばかなり解けるんです。

本村　それは言えますね。かつて養老《ようろう》孟司《たけし》さんが『バカの壁』（新潮新書）で指摘したように、人は知りたくないことに耳を貸さず、情報を遮断してしまう傾向がある。すると、内側だけは見えるけれど、外側が一切見えなくなってくるんですね。歴史的にはカエサルも「人間というのは、自分の好きなことしか見ない」と言っています。

　カエサルの場合にはそれを利用して、敵の目を欺いていたわけですが、このことがわかっていなければ、不都合なことからは自然と目をそらしてしまう。

佐藤　そういう人間の性が一因になるとしたら、人類が戦争を克服するのは難しいかもしれません。いずれにしろ、人類が克服できるとハラリが考えた疫病・戦争・飢餓が、連鎖反応のようにして起こり得るというのは、じつに皮肉なことだと思います。

人間を救済するはずの宗教が残虐性や暴力性を見せる

本村　さて、家族形態が「無意識」レベルで社会を動かすと考えるトッドは、宗教も同じように位置づけています。かつてはユダヤ教、キリスト教、イスラム教などの宗教が「意識」レベルで社会生活の枠組みを決めていたけれど、現在は「無意識」に押し込められた形で社会を動かしている、というわけですよね。

佐藤　そうです。世俗化が進んでも、宗教システムに由来する信念などが部分的に延命されているんですよね。たとえば人々がカトリック教会に行かなくなっても、その社会にはカトリックのモラルが残っているわけです。トッドはそれを「ゾンビ・カトリシズム」と呼んでいますね。

本村　古代史研究をしていると、叙事詩などの古典作品は、古ければ古いほど人々が神々の世界を身近に感じていたような印象を受けます。メソポタミアの『ギルガメシュ叙事詩』はもちろん、古代ギリシャで書かれたホメロスの叙事詩でも、神々が人間に働きかけているんですね。人間が神の声を聞くというのは、市民にとってごく自然なことだったはずです。

しかし、時代を経るごとにその感覚が徐々に薄れてきたわけです。神の声を直接的に聞くことができなくなっていきました。ただし、現在でも無意識のレベルで神々は人々の中に存在しています。そのため、人々の信仰の違いが表面には表れていなくても、宗教的な対立がなくなったわけではありません。本来、宗教は人間を救うものですが、それが戦争や暴力を助長することもあります。

佐藤　人間を救済するはずの宗教が、一方で、時に残虐性や暴力性を見せるということは、歴史の中で何度も繰り返されてきました。今世紀に入ってからも、われわれの世界は二度、大きな衝撃を受けたと思います。

一回目の衝撃は、二〇〇一年九月一一日。アメリカで発生した同時多発テロです。それ以前から、宗教とからみ合った紛争は世界各地で起きていましたが、それらは中東やアフリカの民族間戦争、あるいはスリランカの内戦など、いずれも局地的なものでした。アメリカのど真ん中で宗教的な誘因が入った形での重大なテロが起きたのは、それらとは比較にならない衝撃です。

ただあの一件では、ひとつ頭の片隅に置いておかなければいけないことがあります。あのテロは当初からアルカイダの仕業だと見られていましたが、その一方で「白人至上主義者によるテロかもしれない」という見方もありました。現実にはそうではなかったとはいえ、そういう見方が出てくるということは、アメリカにおいては白人至上主義がキリスト教原理主義と結びつく形での暴力的な運動もあり得るということです。

本村　いずれにしろ、宗教は暴力を引き起こすことができるわけですね。九・一一以降のイラク戦争の顚末を見ると、悪者であるサダム・フセインに何でも結びつけて、アルカイダ一味の滅亡を図っていることは明らかでした。その後のイラク戦争は、誰が見てもおかしなことだと、われわれ日本人なら思うわけです。

　それがアメリカ社会では受け入れられた。宗教と暴力の関係があったからこそ、フセイン悪、イスラム悪という図式がアメリカ人の頭にはあったという気がしますね。

「正教対悪魔崇拝」の価値観戦争になったロシア・ウクライナ戦争

佐藤　そういうことです。そして、宗教の暴力性をわれわれに思い知らせた二番目の衝撃が、二〇二二年二月二四日に始まったロシアによるウクライナ侵攻でした。これも、ある意味で「宗教戦争」なんですよね。

　ただしこちらは、イスラム原理主義対キリスト教という構図の同時多発テロと違って、キリスト教内の宗教戦争です。

本村　なるほど。一般的には、そうは見られていませんよね。同一宗教間の戦争といえば、一七世紀前半にドイツで起きた三十年戦争が有名です。これも、新旧キリスト教間での戦いでした。一六四八年にウェストファリア条約において和平が認められたことで、その後に国民国家の理念が出来上がっていきました。

今回のロシア・ウクライナ戦争というのは、この三十年戦争に見られた同一宗教内の争いに似ており、非常に前近代的な覇権争いのように見えます。

佐藤　西側からすると「民主主義陣営」対「独裁国家」という非宗教的な図式になるわけですが、そもそも民主主義の根幹にある近代的な人権思想は、神の権利が維持できなくなったから生まれたものです。「神権《しんけん》」が「人権」に変わったんですね。ですからこれは、ある意味で、西側のカトリック、プロテスタント諸国において世俗化した宗教的な価値観でもあるわけですよ。

本村　まさに「無意識」レベルの話ですね。時が経つにつれて、神々の仕業だと考えられていたものが次第に科学などに置き換わっていく。そうなると神々を中心に回っていたはずの世界が立ち回らなくなってしまい、人間が中心に置き換わる。こうして神権の延長線上に人権があると考えれば、「民主主義陣営」の宗教的側面も浮かび上がってきます。

佐藤　そうです。とはいえ、これは最初から宗教戦争だったわけではありません。開戦当初は、ウクライナ国内のロシア系住民の処遇をめぐるロシア・ウクライナ間の戦争でした。

本村　そうですよね。もはや忘れられてしまった感もありますが、そもそもは「西方のロシア系住民をウクライナのネオナチから解放する」という話でした。

佐藤　しかしアメリカは、この戦争を「民主主義対独裁という価値観の戦争だ」と位置づけました。一方、もともとは地域紛争の枠組みで考えていたロシアでも、二〇二二年九月三〇日に転換が起こるんです。「ドネツク人民共和国」「ルガンスク人民共和国」、ヘルソン州とザポロージャ州の併合を宣言した演説の中で、プーチンが、同性愛や性別適合手術などを受け入れるような価値観に覆われている西側世界は「純然たるサタニズム（悪魔崇拝）の特徴を帯びている」と言ったんです。

　これが、ひとつの分水嶺《ぶんすいれい》でした。ロシア側も、「正教対悪魔崇拝（サタニズム）」の価値観戦争に切り替えたわけです。だからそれ以降は、西側もロシアもこれを「価値観戦争」という枠組みで認識しているわけですね。

　もちろん西側の価値観は世俗化されているので、宗教性はあまり前面に出しません。しかし、それが剥き出しになっている部分もあります。

たとえば、ウクライナのアゾフ連隊の奥さんたちに、フランシスコ教皇が会ったことがありました。さらにフランシスコ教皇は、イエズス会系のウェブ雑誌『アメリカ』での発言で、「今回の戦争でもっとも残虐なのはブリヤート系とチェチェン系だ」と、特定の民族と残虐性を露骨に結びつける偏見をさらしてもいます。この発言は、のちにバチカンが撤回しましたけれどね。

いずれにしろ、キリスト教の暴力性がこれほど露《あら》わになった現象は久しぶりのことです。宗教と暴力の問題は正面から見るべきですが、意外とロシア・ウクライナ戦争が孕んでいる宗教の暴力性に気づいていない人が日本には多いんですよ。

しかしこの戦争はおそらく片がつくまでに一〇年ぐらいかかりますし、日本はＧ７の中で本土がロシアと直接国境を接している唯一の隣国です。アメリカはアラスカでロシアと国境を接していますが、アラスカは飛地なので地政学的意味が異なります。それを考えたら、事態は楽観できません。西側とロシアの価値観戦争によってデカップリングが進んでいることを深刻に考えないといけないと思います。

本村　近代的な民主主義が普遍的な価値観だと思い込んでいると、そういう枠組みは見えてきませんよね。この戦争はある意味で第二次世界大戦にも通じるところがあります。

日本は別ですけれども、第二次世界大戦はキリスト教内の対立戦争でもありました。しかし、一方では民主主義を守る勢力としての連合国側があり、他方では後発資本主義国家のドイツ、イタリア、日本という自分たちの生命線と領土内の安定を図った枢軸国側があったわけです。

英米、それからフランスといった勢力に対して日独伊が生命線を守る戦いであれば、民主主義が普遍的な価値観だというだけで終了していたはずです。そうはいかずに民主主義が資本主義と対立している点で、この戦争も価値観戦争と見なすことができます。

佐藤　しかもこのロシア・ウクライナ戦争に関して、日本では西側連合による圧倒的な支援を受けているウクライナのほうが強いと考えている人が多数派です。

ところが実際には、現時点（二〇二三年七月）までにロシアがウクライナの国土を二〇%も占領しました。ウクライナは「反転攻勢をやる」と言ってはいるけれど、膠着《こうちゃく》状態からなかなか抜け出せません。

自由民主主義陣営とロシアのどちらが強いのか、いまはまだわかりませんが、少なくとも現時点では後者のほうが強いわけです。ロシアが占領しているのは、北海道と九州を足したのと同じくらいの面積ですからね。

本村　ある意味で、「前近代」的な陣営が「近代」的な陣営を抑え込んでいるとも言えるでしょう。しかし、こうした前近代的な価値観が、近代的な価値観と対立するというのは、珍しいことではありません。たとえば、アメリカも原理主義的なキリスト教であり、前近代的なものを持っているところがあります。

　アメリカ社会の中にはアーミッシュというキリスト教のグループがあり、彼らの主義では、車にも電力にも頼ってはならない。文明的な機械を一切使わないで、自然の生活に徹するというところがある。最近ではずいぶん事情が変わったらしいですが。

　歴史的に見ても、三十年戦争後のウェストファリア条約によって国民国家が出来上がっていきますが、そこには非常に近代的なものと前近代的なものが混在していました。一八世紀のヨーロッパといえども、前近代的なものと近代的なものが対立しているというのが当たり前のようにしてあったわけで、必ずしもその対立で近代的なものが勝っているわけではないのです。

佐藤　ＬＧＢＴＱ＋の人権を認めないプーチンの姿勢は、まさに前近代的ですね。「神は男と女しかつくっていない」というわけですから。それ以外のセクシュアリティを認める西側諸国は、プーチンから見れば、不自然な肉の欲によって神罰を受けた「ソドムとゴモラ」みたいなものです。

　そういう価値観で動く勢力が大きな力を持っているのですから、近代的な価値観を自明のものとしていられるわけがありません。

宗教は戦争の大義をショートカットできる

本村　前近代であれ、近代であれ、戦争が起きる理由はさまざまです。ひとつは宗教的な対立を背景にした「聖戦」ですが、世界史を振り返ると、「領土拡大」を目的にした戦争がほとんどですね。

　ローマの戦争はその典型でした。人口の増大によって自国内の土地が狭くなると、不足分を何とかしようとして領土拡大に走る。土地を奪われた側は、それを取り返そうとして再び戦争を起こすので戦争の連鎖が生じます。領土拡大と国境防衛という、ある意味でわかりやすい戦争がローマ時代の戦いでした。

佐藤　新しい土地を求めて戦争をするのは決して古い時代だけの話ではなく、一九三〇年代の日本もそうでしたよね。一九三七年に公開された日独合作映画『新しき土』も、タイトルからしてまさにそういう話です。

本村　その作品は見たことがありませんね。

佐藤　伊丹十三《いたみじゅうぞう》のお父さんの伊丹万作《まんさく》とドイツのアーノルト・ファンクの共同監督だったんですが、二人が対立した結果、ファンク版と伊丹版の二本が製作されました。ＤＶＤで出回っているのは、ファンク版のほうですね。ドイツでは、ゲッベルスとヒトラーが検閲して公開の許可を与えました。

主人公は原節子と小杉勇《こすぎいさむ》。貧しいけれど頭のいい小杉勇が、小学生のときに早川雪洲の家に養子にやられて、その家にいた原節子と許婚になるんです。ところが彼は帝国大学を出てからヨーロッパに留学し、「個人の自由はすばらしい」という価値観に染まって帰ってくる。そのため養父の娘と一緒になるという封建的な結婚には難色を示します。帰国する船でドイツ人ガールフレンドも連れて帰ってきたので、原節子も「このままでは結婚できないのでは」と大いに悩むんですね。

しかし小杉勇は、能狂言や満開の桜や大相撲など日本の文化に久しぶりに触れているうちに、自国の伝統を再認識して気持ちが変わります。ところがそれを伝える前に、結婚を諦めた原節子が花嫁衣装を抱えて浅間《あさま》山《やま》の火口に飛び込もうとする。それを知った小杉勇は彼女を追いかけ、裸足で浅間山を駆け登ったりしながら、すんでのところで救出しました。めでたく結婚した原節子と小杉勇が満州に渡って土地を耕し、赤ん坊を抱っこしているシーンで、おしまいです。

本村　満州が「新しい土」なんですね。満州といえば、私の父親が、「満鉄」すなわち「南満州鉄道」に勤めていて、大学を卒業してすぐにこの会社に就職しました。まあ、それなりに優秀だったから、エリート企業だった満鉄に行ったと聞いています。だから、兄も満州の奉天《ほうてん》で生まれました。

父の時代の人たちにとっては、満州という新しい土地に出かけて行くことが、日本のためにつながる、という意識がきっとあったと思います。

佐藤　そういうことです。この映画では、日本は地震がしょっちゅう起きるし、土地が少ないから段々畑がたくさんあることなどが描かれていて、「新しい土地が必要だ」というメッセージを発しているんですよ。地理はめちゃくちゃで、横浜に阪神電車が走っていたり、さっき富士山だったのが浅間山に変わっていたり、その近くの海に厳島《いつくしま》神社の鳥居があったりするんですが（笑）。

本村　日本は土地が少ないとはいえ、そこまで狭くないですよね（笑）。

佐藤　ともあれ、当時はナチスも東方生存圏を獲得しようとしていました。土地が足りないから外に出て行くという発想は、昔もいまも戦争の基本パターンのひとつです。でも、それだけが戦争を起こす要因ではありません。たとえば昨今は台湾海峡の危機が語られていますが、広大な国土を持つ中国がそういう理由で帝国主義的な拡張を目指すとは考えられないですよね。

　そこで土地や人口といった要素を超えて戦争の要因になるのが、やはり「価値観」の対立だと思います。そして、その価値観の背景には多くの場合、宗教がある。人々を死地に向かわせる戦争には「大義」が必要になりますが、宗教的な大義を掲げた「聖戦」はとりわけ乱暴なものになりがちです。

本村　宗教は大義名分にしやすいですよね。たとえば十字軍はその典型でした。ヨーロッパの側から見れば聖戦だと大義名分を掲げていますが、エルサレムの歴史を遡っていけば、あの一帯ではイスラム教が主流であったけれども、キリスト教とも共存していて、それなりに和気あいあいとやっていたわけです。

　ところが、そこに西側から十字軍という形でキリスト教徒の軍団が押し寄せてくるのですから、当時のイスラム圏内の人たちから見ればとんでもないやつらだということになる。宗教を理由にして侵略戦争を仕掛けてくる言語道断の輩《やから》だと思われたのは無理もない。

その後、オスマン帝国時代のエルサレムでも、イスラム教徒、キリスト教徒、少数のユダヤ教徒が共に生活する時期もありました。しかし、第一次世界大戦以降、中東の情勢は複雑を極め、現在は火種が絶えない地域となっています。

佐藤　足りない土地を求めて領土拡大する場合は、「生き残るために必要だ」と言えば、それ自体が大義になるんです。生き残るためなら、人は手段を選びません。

本村　第二次世界大戦のとき、日本はそれを使いました。大東亜共栄圏をスローガンに掲げて、植民地支配を受けるアジアを解放しようと呼びかけた。その結果、欧米と対立することになりました。

佐藤　国内の権力基盤が危うくなった政治指導者が、外敵と戦争をすることで国内をまとめようとすることもあるわけですよね。

そういう場合、指導者は「なぜ領土を拡張する必要があるのか」を説明するための理屈を立てなければなりませんが、宗教はそれをショートカットできます。「あそこは、われわれにとって聖なる土地だ」「この戦争は神が命じたものだ」と言うだけで、大義になるんですよ。

本村　古代でも、たとえばギリシャの都市国家などはみんなそれぞれ自分たちの守護神を持っていましたから、自国の神が戦争の大義を与えたと思います。よその国との戦いは、相手の守護神に対する戦いでもある。だから敵の神殿を壊したり、そこに置いてある神像を奪ってきたりするわけですよ。それによって、「われわれの神のほうが正しい」ということを象徴的に示すことができますよね。

そういう形で、宗教が戦争を正当化する作用は昔から大きく働いていたと思います。大義名分を掲げる上で、神々の存在はすごく都合がいいでしょう。

カトリックとプロテスタントの近親憎悪

佐藤　宗教を掲げた戦争には、二種類あるように思えます。宗教的な大義を掲げながら領土や利権を取りに行くパターンがある一方で、宗教的な価値観そのものが衝突する戦争もある。もちろん両者が混在することもあります。

中世の宗教戦争もそうでした。十字軍戦争にしても、「エルサレムを解放するんだ」という大義名分はありながら、コンスタンティノープルに行って、そこでラテン帝国をつくって略奪のかぎりを尽くすわけですから。

本村　一二〇四年の第四回十字軍ですね。ムスリムの支配するエルサレムを取り返すために招集されたのに、東ローマ帝国からコンスタンティノープルを奪い、東方正教会のローマ皇帝に代わってカトリックの皇帝を即位させました。

佐藤　だから東方正教会サイドから見ると、十字軍なんてとんでもなく悪いイメージですよ。まだイスラムのほうがマシ、というぐらいです。

ただし中世の場合、ほとんど「キリスト教=社会」と見なせるぐらい宗教と社会が一体化しているので、キリスト教そのものは匂いも何もない空気みたいなものだったでしょう。ですから、宗教戦争といっても、ごく当たり前の話なんですよね。

本村　そうだと思います。イスラム社会からすれば、やはり十字軍というのは理解不可能な出来事で、それまでエルサレムでは共存共栄でした。それが、いきなり正義をかざした軍隊がやってくることになって、あまりにも異常な事態になってしまった。

一方で、第五回十字軍に参加したシチリア島生まれのフリードリヒ二世という人は、あまり十字軍に乗り気ではなく、当初は参加しませんでした。しかし、最終的に参加せざるを得なくなったのですが、その際にイスラム王朝のスルタンと交渉して、エルサレムを一〇年にわたって明け渡してもらうという方法をとっています。お互いを尊重し合って平和的な解決ができた。彼はおそらくアラビア語が理解できたといいます。相互に理解し合って、戦わないで済んだという事例もあります。

佐藤　しかし近代になると、キリスト教がカトリックとプロテスタントに分かれて戦争をするようになったので、事情がかなり変わりました。「キリスト教」という価値観ではひとつになれず、お互いに殺し合いをするわけです。

しかも、どちらも簡単には勝てません。どちらか一方が「まだ戦える」と思っているかぎり、終わらないんですよ。双方が「もう無理だ」と思ったときにやっと寛容になって、和平が実現するんです。非寛容な精神による徹底的な殺し合いを経ないと、寛容になれない。「もうこんなことは繰り返したくない」というところまで戦うと、やっと寛容になるわけです。

ところが、これは予防接種みたいなものなんですね。ワクチンの抗体と同じで、時間が経つと切れてしまう。それでまた戦争を始めて、しばらくすると抗体ができる。そういうことの繰り返しなんだと思います。

本村　カトリックとプロテスタントの戦いには近親憎悪みたいなものがあるから、同じキリスト教だからこそ、かえって非寛容になるんでしょうね。先ほど触れた三十年戦争も、カトリックとプロテスタントの分裂が長びいたことで起きた戦いでした。この戦争の中で、プロテスタントのルター派やカルヴァン派などの勢力をカトリック側が認めたことでようやく終戦しました。こうして一六四八年に、最終的にウェストファリア条約が締結されたわけです。

佐藤 そうです。近いからこそ、戦争も苛烈になる。

本村 ルネサンス以降も、イタリアの内部で領邦国家同士が争ったりしましたが、それもキリスト教内部の戦争でした。ビスマルクがドイツを統一するまでの戦争もそうですよね。

イタリアについては、一八四八年革命がうまくいかず失敗に終わった後、領邦国家の対立を克服して、イタリア全体を統合しようという動きが盛んになりました。やがて、あの有名なガリバルディが登場し、イタリア統一戦争の中でオーストリアの勢力を排除しながら、サルディニア王国を中心として統一が成り立ちます。その以前から、やはり多くの領邦国家の対立が起こっていたわけですが、これらはキリスト教内部の戦いでした。

国益に直結しないがゆえに理解しにくい価値観戦争

佐藤 キリスト教が拡張していった時期は、近代的な帝国主義の時代と重なっています。戦争の目的は植民地や資源や交通路などを手に入れることですが、その大義名分として宗教が使われることが多かったんですね。

近代の戦争はほとんどがそういうものだったので、現代人の多くは「利権を追求するのが戦争だ」と思い込んでいます。そのステレオタイプにとらわれたまま今回のロシア・ウクライナ戦争を見ると、何のためにやっているのか理解できません。

本村　たしかに、ロシアにどんな国益があるのかわかりにくいですよね。私はやはりかつてのソ連時代の巨大な東側勢力という体制の幻影というか、威信が忘れられず、ロシアの指導者がそこに拘《こだわ》っているのではないかと、そんな思いがあります。

佐藤　近代の帝国主義時代以降、これほど国家の利益に直結しない戦争は珍しいんです。国益という観点からすると、どう考えても合理性がない。だって、ロシアがウクライナに貸し付けている金なんて、返ってきませんよ。それなのに、核戦争による人類滅亡のリスクまで抱えている。まったく割に合わないんですよ。

これが中東でやっているなら、「石油を取りたいんだな」と思えるじゃないですか。あるいはカザフスタンで戦争を起こしたなら、「ウランが欲しい」ということになる。でも、ウクライナと戦争をして何を取りたいのかわからない。

ウクライナの人口は、一九九一年が五五〇〇万人で、戦争が始まった二〇二二年二月の時点で多く見積もっても四二〇〇万人ですからね。三〇年のあいだに一三〇〇万人も減ってしまうような国に、それほど大きな魅力はありません。少なく見積もっても数百万人の国民がウクライナから逃げ出しているのです。それにヨーロッパでも二番目ぐらいに貧乏な国ですよ。

しかもウクライナ社会はマフィアが牛耳っているから、腐敗や汚職もひどいんです。そんな国をわざわざ併合して統一するなんて、ただ面倒くさいだけでしょう。利権なんかひとつもない。それでもこんなことになっているのは、これが価値観戦争であり、宗教戦争だからなんです。

本村　一般的には、二〇世紀に起きた二度の世界大戦を最後に、覇権主義の戦争なんてもう終わっただろうと思われていたわけですよね。せいぜい中東あたりでゴチャゴチャと揉めごとが起こるぐらいだと思っていた。

ところが今回は、まさに覇権主義を全面に出したような形で戦争が始まったわけです。二〇世紀の経験がまったく生きていないように見えるんですよ。戦争の経験は、二世代ぐらいまでは覚えているけれど、それ以降になると忘れられていくのかもしれません。日本は敗戦したからいまだにいろんなことを引きずっているけれど、そうじゃない地域にとっては、二〇世紀の戦争は遠い歴史の出来事になっているような気もしますね。だから、これが宗教戦争だとおっしゃるのはよくわかります。

ゾンビ化した西欧のキリスト教

佐藤　しかも、双方の価値観のベースにあるのがキリスト教なんですね。この戦争では、キリスト教の悪い面が出てしまっています。

だから、たぶんキリスト教徒たちには止めることができません。むしろ、儒教の伝統が根づいている中国、神道の日本、あるいはユダヤ教のイスラエルといった国のほうが仲介役を果たせる可能性がある。キリスト教の世界にいる人たちは、どっちかに足が入っちゃっているんです。

ただし、中南米のキリスト教国は例外です。中南米では、カトリックもプロテスタントも現地の伝統的なまじないや土着の宗教などと混じり合って、同じキリスト教とは思えないほど変容しています。土着化して「ブラジルの宗教」や「アルゼンチンの宗教」になっているから、この戦争と距離を置くことができる。自分たちと関係のある話だと思わないので、「ウクライナに槍を持って馳せ参じよう」とはなりません。北米は違うので、ウクライナ系住民の多いカナダなんかは、政治的な発言を見るとアメリカ以上にウクライナを積極的に支援していますが。

本村　同じキリスト教国でも、地域によって溶け込み具合は違いますよね。だから、単純に人口に占めるキリスト教徒の割合だけ比較しても、宗教的な実態はつかめない。

佐藤　西ヨーロッパのキリスト教なんか、すっかりゾンビ化していますからね。たとえばドイツのケルン大聖堂でも、日曜日の礼拝に来ているのは三〇人程度です。イースターとクリスマスにはもっと賑わいますけれどね。

本村　クリスマスは日本でも信仰と無関係に盛り上がりますから。本来宗教と密接に結びついているはずの行事が、宗教とは切り離されたところで土着化が進んでいる。

佐藤　でも、いまの日本で新たにキリスト教に入信する人なんてほとんどいませんよね。日本のキリスト教は、完全に「家の宗教」です。親がキリスト教だから自分もキリスト教という人が大半でしょう。

だから教義内容も勉強せず、まともに聖書も読んだことがありません。遊びたい盛りの子ども時代に、親に言われてイヤイヤ教会（日曜）学校に行った程度の記憶しかないでしょう。いまの西ヨーロッパも、実態はそんな感じなんですよ。

しかし先ほど申し上げたように、西ヨーロッパにおける近代民主主義は世俗化したキリスト教です。そこは日本と違うところでしょうね。そこで守られる「人権」は「神権」が世俗化したものですから。

一方のロシアは世俗化していないので、プーチンも剝き出しの宗教用語を使って西側諸国のことを「悪魔崇拝」と罵るわけですが、じつは西側がロシアを「権威主義」「独裁体制」などと呼ぶのも、ベースにキリスト教があるという点では同じことなんです。

だからわれわれとしては、今回の戦争を通じて、キリスト教がいかに危険かということをよく覚えておくべきでしょうね。その一方で、どちらの価値観とも異なるグローバルサウスの存在がある。多元的なグローバルサウスの価値を見直すことが、本当に重要だと思います。

「神は心の中にいる」としたプロテスタント神学

本村　そもそも神権とは、文字どおり神の権威のことを指します。ここでは、神権の中身となる権威の部分が問題です。ローマ教皇の正式名称は、ラテン語では、ポンティフェクス・マクシムス（Pontifex Maximus）といいますが、中世にできた名称ではなくて、ローマ帝国の中の最高の神祇《じんぎ》官《かん》として使われていたわけです。それがカトリック教会の中に受け継がれて神権の基になった。

結局、そういう前近代社会の中では、やはり神が絶対的な力を持っている。このことがわれわれ日本人にはなかなか理解できないけれども、現実としてあるのです。そのように考えてみれば、人権が神権に由来するものだというのは、言われてみればたしかにそうだと思えますね。近代社会では人権が絶対視されて、手を触れてはいけない神聖なものになっていますから。

佐藤　結局、カトリックとプロテスタントの違いはそこなんです。重要な分岐点は、コペルニクス革命。コペルニクスの地動説から始まって、ガリレオ・ガリレイやマゼランらの発見が相次いだことで、「どうやら地球は球体で、太陽の周りを回転しているらしい」という話になりました。

天動説が維持できなくなると、「天にまします神」といっても、どこにいらっしゃるのかよくわからない。日本から見た「上」はブラジルから見ると「下」ですからね。「上と下」という概念自体が有効性を失うんです。

そうなったときに、カトリックのほうは頑張って中世的な世界観を維持しようとしました。ガリレオ・ガリレイを裁判に呼び、「天が動いているんだ。それは明白だろう」と言い張ったわけです。

しかしプロテスタントはそこを頑張らないで、神の場所を変えちゃったんですよ。典型的には一八世紀から一九世紀の初めに活躍したプロテスタント神学の第一人者シュライエルマハーが主張したことですが、「神は心の中にいる」というわけです。

では、その「心」はどこにあるのか。どこかにあるけれど、これはよくわかりません。脳の作用と見る人もいれば、独立した「心」が存在すると考える人もいます。あるいは、自分の身体全部が「心」の居場所かもしれない。

いずれにしろ、心は見えないから座標軸上には表せないわけです。でも、たしかにある。そう考えることで、「世界は自然科学の法則で動く」という考え方と神の存在を、矛盾なく発展させられるようになったんですね。

ただし、そこには問題があります。人間の行動のどこまでが心理作用で、どこまでが神の導きによるのかということが区別できないんです。そのため、人間が神になってしまう可能性がある。

だから一九世紀は、一方ではロマン主義的な反動もありつつも、「啓蒙的な理性と科学技術を発展させることによって人間は理想的な社会をつくれるはずだ」と信じられるようになりました。ところがその結果として起きたのが第一次世界大戦だったというわけです。第一次世界大戦に関しては、開戦の起因がいまだよくわかりませんからね。

本村　そうですね。起点はオーストリア大公がセルビア人の青年に暗殺されたサラエボ事件ですが、当初はどの国もそれがあんなに大きな戦争になると思っていなかった。仮に戦争に発展したとしても局地的な争いで終わるだろうと考えられていたのです。

　私が若い頃に読んだ『チボー家の人々』から雰囲気がよくわかりますが、サラエボ事件後にセルビア人青年の背後にセルビア国家があるのではないかという噂が広まり、状況が変わっていきます。セルビア国家に宣戦布告したオーストリアをドイツが支援するということになり、だんだん雲行きが怪しくなっていきました。

佐藤　双方とも強力な同盟関係を持っていたので、それが抑止力になると思っていました。ところがその抑止力が効かず、あれよあれよという間に大戦争に発展してしまったわけです。しかも、理想的な社会をつくるはずだった科学技術が何に使われたかといえば、毒ガス、戦車、飛行機ですよ。

本村　結果的に、理想をもたらすはずだった科学がろくなものに使われませんでしたね。

このとき、イギリスの悪名高い三枚舌外交もありました。

イギリスはフセイン・マクマホン協定によって大戦後、パレスチナ地域にアラブ人の独立国家建設を約束する一方で、ユダヤ人にもバルフォア宣言で国家建設を認めていました。さらには、その裏でサイクス・ピコ協定によってフランスとのあいだで、この一帯を分割統治する秘密協定も結ぶという、同時に実現しえない三つの約束をしていたのです。

アラブ人の独立を信じて尽力しながらも、イギリスの三枚舌外交を知って苦悩するT・E・ロレンスを主人公にした映画『アラビアのロレンス』に見るように、誰もがこの外交戦略を支持していたわけではありません。ですが、大戦中の化学兵器にしろ、三枚舌外交にしろ、悲劇が訪れることが明白なのに人々はその選択をとってしまいました。

神を人間の「外部」に位置づけたカール・バルトの弁証法神学

佐藤　そうなると、人間の理性がどこまで信用できるのか疑問になりますし、その人間の心の中に神がいるという位置づけで大丈夫なのかと不安にもなります。そこで、改めて「上にいる神」と言い出したのが、スイスのプロテスタント神学者カール・バルトです。

ただしこれは「天」のような空中的な「上」ではなく、「外部」と言ったほうが適切ですけどね。神をそこに位置づけることで、人間が神について考えるのではなく、神が人間について語っていることにもういちど耳を傾けようという主張です。

ここから、「危機の神学」とか「弁証法神学《べんしょうほうしんがく》」などと呼ばれる神学運動が始まりました。シュライエルマハーの近代自由主義神学は近代的な知識人やブルジョア社会の要求に適合するものでしたが、資本主義の矛盾や帝国主義戦争を解決する力を持たなかったんですね。大戦後の荒廃の中で、人々は教会の無力に失望していました。そこに登場したバルトの弁証法神学は、キリスト教神学が近代主義の枠を乗り越えて現代的展望を持つ突破口となったわけです。

バルトの『ローマ書』という本が刊行されたのは一九一九年ですから、その背景には、物理学における量子力学、ゲーデルの不完全性定理、あるいは美術界のキュビズム、文学における表現主義、さらには実存主義哲学などの出現があったと思います。いずれにしろ、第一次世界大戦は当時の人々にとって、それまでの常識をすべてひっくり返すような恐ろしいインパクトを持っていたわけです。

本村　前におっしゃったように、その時点で近代の限界が見えていたわけですね。ところが第二次世界大戦では、限界が逆に見えにくくなった。

一九二八年に結ばれた不戦条約は第一次世界大戦で懲りた人々によって締結されたのに、抑止力になることもなく、再び戦争が起きてしまいました。そのほかにも、第二次世界大戦の大きな要因である世界恐慌に対して、アメリカはニューディール政策をとりますが、ある程度成功を収めるけれども、やはり最終的には成功しなかった。

不戦条約や経済政策といった、人間の知力を尽くした行為がありながら、再び大きな世界大戦になってしまった。天井がわからなくなってしまいました。

佐藤　そうです。第一次世界大戦と第二次世界大戦は「二〇世紀の三十一年戦争」と考えたほうがいいんですが、第二次世界大戦はアメリカが本格的に参戦しました。

しかしアメリカは、基本的に「一八世紀の国」なんです。戦争に苦しむヨーロッパで反動としてのロマン主義が出てきたときに、アメリカではフロンティア開拓という形でそのロマンが実現しちゃうわけですよ。だから、近代社会の矛盾をめぐるヨーロッパ人のウジウジした心境が、アメリカ人にはよくわからない。そういう鬱屈みたいなものがないから、アメリカ人は金持ちをストレートに尊敬したりするでしょ？　そういう意味でも、アメリカは一八世紀の国なんです。

本村　第一次世界大戦では「一九世紀の国々」が限界に突き当たり、第二次世界大戦では

「一八世紀の国」が勝ったわけですね。歴史の逆行というのは、じつはこれ以前からも起きてはいます。

三十年戦争後にウェストファリア条約が成立して、国民国家としての近代国家が生まれました。それぞれの国がこれ以上は宗教的対立をしない、という了解ができたと思っていたわけですが、オーストリア継承戦争が起こりました。

君主のマリア・テレジアは、長年にわたって敵対していたフランスと同盟してプロイセンに対立し、七年戦争が起こってしまいます。もう国民国家・近代国家ができたという了解があったのに、逆行して仕返しをすることになった。こういったことは繰り返し起きています。

佐藤　そういうことだと私は考えています。第二次世界大戦ではアメリカが大量の物量によって勝利しました。一八世紀的な「理性」が勝ったために、第一次世界大戦後に生じた時代の危機が見えなくなり、解決が先延ばしになったんですね。

ところが、いまはそのアメリカも弱り始めています。そのために、第一次世界大戦で明らかになった問題が揺り戻しのように表出しているのでしょう。宗教的な価値観戦争に日本もリアリティを持って関与していること自体、時代がきわめて厳しい状態になっていることを物語っていると思います。

AIは現代の「一神教」を生むのか

本村　科学と宗教の関係性は、近代が抱える大きな問題のひとつだと思います。地動説にしろ進化論にしろ、科学は次々と新しい知見をもたらしますよね。宗教は、それと折り合いをつけないといけないわけです。

しかし基本的には、やはり科学のほうが勝つわけですよ。とくに一神教の場合、「全能の神」の前では人間は弱者であり、神の前では平等だと考えるわけですよね。ところが近代科学によって、「全能の神」という前提がいったん崩れてしまった。さらに科学技術がどんどん進んだ結果、人間が頭で考えることよりも、ＡＩの出してくる答えのほうが正しいんじゃないかと思われるようになってきたわけです。これがまた新たな「一神教」になるかもしれません。それが人類にとって僥倖なのか危険なのか、いずれにしても避けようのない流れなのかもまだわかりませんが。

佐藤　たしかに、いまＡＩが果たそうとしている機能はそれに近いですよね。国会の質疑でも対話型ＡＩを使ったりしていますが、まだ危ない。

本村　私はまだ使ったことがありませんけれど、どうなんですか。

佐藤　一見するとまともな感じのする、それっぽいことは言いますけれど、ときどき、とんでもない答えが出てきますね。

本村　しかし今後はどんどん進歩していくでしょう。人間の知能を超えるという予想もあります。かつての「神権」が「人権」になったのが近代だとすると、次はその「人権」がAIという権威に奪われるかもしれません。これはある意味で、神が人間社会を支配していた中世に逆戻りするような面もある気がするんですよ。前近代における神の位置にそのままAIが据え置かれる。戦争や暴力の是非も、人間の判断ではなく、AIが決めることになるかもしれない。

暴力への許容度は時代や場所によって変わる

佐藤　たしかに中世のモデルと近いので、それは十分にあり得るでしょうね。暴力の是非に関する価値判断は、時代や地域によって変わるので、社会モデルが変わればどう転ぶかわかりません。

ちなみに私は学生たちに「暴力について知るためには韓流ドラマを見ろ」と言います。

ごくふつうの現代社会を舞台にした韓流ドラマでは、教師が生徒をよく殴ります。

本村 へえ、そうなんですか。教師が生徒を殴るというのは、いきなり殴るのではなく、何らかの罰としてなら僕の時代にもありました。でも、その程度からすれば、韓国あるいは朝鮮の例に比べれば、ずいぶん穏やかだったと思います。

というのは、戦後の日本は敗戦国としての負い目を持っていて、自分の国を自慢するよりも、むしろ自分の国を低く見せる傾向があったからです。そういう気分が強いから、教師が生徒を殴るなど、とても封建的な行為であると思ってしまう。この自覚が、かなり早い時期にできたのではないかとも思います。だから、いまの韓国とは比にならないでしょうね。

佐藤 出席簿で引っ叩いたり、ビンタを食らわせたり、いまの日本人が見たら驚くぐらいですよ。日常的に殴っているから、ドラマで殴っても全然問題ないんです。殴られた生徒が「教育委員会に訴えてやる」などと言ったら、かえって不利益を被って退学せざるを得なくなる。

でも、これは韓国社会の特徴というよりは、戦前に朝鮮半島を支配していた日本との連続性が高いのだろうと思います。戦前の日本は、教師が当たり前のように生徒を殴っていましたから。

本村　戦後もすぐに暴力がなくなったわけじゃありませんよね。昭和三〇年代ぐらいまでは、殴られたり廊下に立たされたりというのが日常的な風景でしたから。それがある時期を境に急に問題視されるようになった印象です。

佐藤　私は本村さんの一世代下なので、殴る教師は稀にしかいませんでした。もちろん、いまでも体罰教師はいますが、ニュースとして報じられて大騒ぎになるほど珍しいですよね。いまの小学校や中学校で教師が生徒を殴ったら、一発で懲戒免職でしょう。

本村　昔は、学校で教師に殴られたと知られたら、親にも「何やってんだおまえは」と殴られかねなかったですからね（笑）。たしかに、暴力に対する許容度は日本の中だけを見てもずいぶん大きく変わりました。

佐藤　私自身、捕まって五一二日間の勾留を受けたときに、それを考えましたよ。あれが戦前だったら、逆さ吊りにされたり千枚通しで突かれたりしたでしょう。当時は、自由の身で暮らしていても、それこそ学校でビンタされたり竹刀《しない》で殴られたりする時代です。獄中にいる者に対しては、社会の平均的な暴力では足りません。追加的な暴力を与えないといけないんです。

本村　なるほど。だから逆さ吊りや千枚通しになるわけですね。

佐藤　ところが現代は、社会の平均的な暴力のレベルが下がりました。冷暖房のない獄舎に閉じ込めて、夏は四〇度、冬は五度の状態で一か所に座らせ、一日三〇分しか動けない環境に置くだけで、いまは十分に暴力なんです。

本村　もちろんイヤですけれどね（笑）。

佐藤　だから、みんな一日も早く出たいがために思ってもないことをゲロって出てきちゃうわけですよ。ふだんの生活との比較で決まるので、殴ったり蹴ったりしなくても暴力の効用は生じるわけです。「ここに座ってじっとしてろ」という身体的拘束だけで、相手は言うことを聞く。いまは昔よりも暴力の限界効用が高いんです。ですから、暴力がビジネスになるわけですよね。

本村　昔よりもレベルの低い暴力でも、問題を解決できちゃうわけだ。

佐藤　そう。飲み屋のツケとかを回収できないときに、取り立て屋に頼んだり。

本村　いまなら、あからさまな暴力を振るわなくても、それらしい人を連れて行くだけでいいでしょうね。佐藤さんと一緒に行ったら、けっこう効くかも（笑）。

佐藤　でも、たぶんフィリピンあたりだと、そんなのは全然効かないでしょうね。日本国内だって、暴力の効き目はだいぶ違うと思いますよ。北関東のほうのヤンキーたちがやっているような暴力ビジネスは、きっと東京とは違うでしょう。

「物事は徹底せずほどほどにしろ」というデルフォイの神託

本村　ですから、一概に「暴力はいけない」といっても、そこにはいろいろな幅があるわけですよね。たしかに体罰はよろしくないけれど、子どもを教育する上ではある程度やむを得ない部分もなくはないでしょう。聞き分けのない子のお尻をパチンと叩く程度のことはあってもいい。

　暴力にかぎらず、物事の是非というのは個々の場面や事情によって変わると思うんですよ。ところがいまの社会は、何かが「悪」と見なされたら一律にそれを禁止するような極端な流れになっているような気がします。

　ギリシャの「デルフォイの神託」は「汝《なんじ》自身を知れ」という言葉で有名ですが、もうひとつ、私の好きな言葉があります。ギリシャ語では「メーデン・アガン」、「物事は中庸《ちゅうよう》をわきまえろ」という神託です。過激なことをやるとさらなる過激さを生むだけだから「ほどほどにしろ」ということですね。だから、何事も徹底しないほうがいい。それが、古代からの人間の知恵なんです。

たとえば身近なところでいうと、いまは個人情報の保護なんかも徹底しすぎだと思うんですよ。僕のマンションは、表札の住人の名前まで消えましたからね。苗字さえ書かない。隣に住んでいる人の名前もわからないようなことでは、地域のコミュニティなんて成り立ちませんよ。

佐藤　地域の個人情報をいちばん握っているのは郵便局員でしょうね（笑）。

本村　そういう極端さが社会を分断させたりもするんでしょうから、もっと「ほどほど」をわきまえたほうがいいと思うんですよ。

佐藤　極端といえば、中学受験なんかも相当なものです。受験塾を舞台にした『二月の勝者～絶対合格の教室』（高瀬《たかせ》志帆《しほ》／小学館）という漫画があって、テレビドラマ化もされたんですが、これが累計三六〇万部も売れている。中学受験なんて、地方の人にはほとんど無縁な首都圏だけの現象なのに、それだけ読まれているんです。しかも、おそらく多くの読者はエンターテインメントとしてではなく、実用的な受験マニュアルとして読んでいるんですよね。

そこで語られる勝利の秘訣は二つです。ひとつは、父親の経済力。中学入試は「課金ゲーム」みたいなもので、小四で年間五〇万円、小五で一〇〇万円、小六では二〇〇万円かかるといいますから、経済力がなければ戦えません。

本村　そうなんでしょうね。もうひとつは？

佐藤　母親の狂気、です（笑）。

本村　正気では勝てないということですか……。「ほどほど」どころか、完全に極端まで振り切れた世界ですね。

佐藤　現実の中学入試も極端なことになっています。ある大手塾の知り合いに、合格するのにどんなレベルの知識が必要なのか聞いたことがあるんですよ。いわゆる「御三家（開成・麻布・武蔵）」や早慶はどれぐらいだと思います？

本村　小学校の教科書をきちんと勉強していればいいんじゃないですか？

佐藤　いいえ。「高校二年のレベルまで必要です」と言っていました。

本村　中学校に入るのに？　たしかにそれは外から見ればやりすぎだと感じてしまいますね。

佐藤　そうです。中堅の偏差値の学校でも、中学二年生レベルまで必要なんだそうですよ。学習指導要領を完全に無視した作問になっている。知識を蓄えるという点では意味がありますが勉強嫌いになる可能性が高いですよね。こんな極端なことをやっていたら、将来の日本もまともな国になりませんよ。

本村 東大に入った学生たちを見ていると、中には人間的にもそれなりの資質を持っている子もいますが、ただテストの成績を上げることだけ考えてきたんだろうな、と思いたくなるような子も少なくありません。

佐藤 合格してから苦労する子もいますよね。この言葉も『二月の勝者』に出てくるんですが、難関校に入ってから学校の勉強についていけずに浮上できない子のことを「深海魚」というそうです。私はそれを転用して、岸田文雄政権のことを「深海魚政権」と呼んでいますけれどね（笑）。二〇～三〇％という支持率の低い深海で、独自の生態系をつくっている。

本村 まあ、生態系が違えば強者に捕食はされないんでしょうけれど、本来の競争の舞台からは降りちゃっているわけですね。

宗教は「アバター」になれる

佐藤 ここで話を宗教に戻すと、信仰を持っている人間は、そういう世の中のヒエラルキーとは別の枠組みで生きていけるんです。いわば「アバター」を持てるんですよ。たとえばキリスト教徒なら、日曜に教会に行けば日常とは違うアバターになれる。日頃は会社でうだつが上がらないオッサンでも、教会では長老や役員として運営の中心で活躍できたりするわけです。

逆に、ふだんは大学教授として尊敬されていても、教会に行くと末席のひとりにすぎなくて、役に立つために庭掃除をやっているとかね。そういうアバター的な面白さが宗教にはあるんです。

立正佼成会《りっしょうこうせいかい》や創価学会などにも、娑婆《しゃば》のヒエラルキーとは違う序列のようなものがあるから、宗教団体として回っているんだと思いますよ。

本村　創価学会がかなり強引な折伏《しゃくぶく》をやっていた時代に高校生だったので、僕も何度か誘われたことがありますが、同じような年格好の相手に対してもけっこう強気の態度でいろいろ言ってくるんですよね。きっとあれも、彼らには彼らのヒエラルキーみたいなものがあって、その中の「アバター」として振る舞っていたんでしょうね。日常ではじつは気弱な人間だった可能性だってある。

佐藤　その時代の創価学会には折伏した信者と入信した人間をつなぐ「縦線」というのが

あったんですよ。いったん入信すると、その人にずっとついていったんですね。

しかしこれだと強引な折伏が横行してしまうし、「親分―子分」の人間関係が強くなりすぎて分派みたいなものも生まれやすいので、地域をベースにした「横線」に変更したんです。まあ、どんな宗教でも布教の激しい時代はありますよね。キリスト教だって最初は激しかったわけです。

本村　キリスト教も、もともとは新興宗教だったわけですものね。佐藤さんご自身も、キリスト教徒としての「アバター感覚」がおありなんですか？

佐藤　私の場合はアバターというより、基本的に神がかりの人ですから。この世で預かった命をいつ神に返すのかは人間にはわからないけれど、これだけいろいろな病気をしても生きているのは、まだこの世でやらなきゃいけないことがあるからなんだろうと思うんです。

では、それは何なのか。たとえば、世の中の主流に反してでも、このロシア・ウクライナ戦争は早く停止させるべきだと言わないといけない。あるいは旧統一教会の問題でも、人の内面や信仰体験を揶揄《やゆ》もしくは侮蔑するような形での世論形成は良くない、と言わなければいけない。先ほど申し上げたように、公権力が内心に踏み込むのは危ないということとも言わないといけない。そういったことを自分に与えられた使命だと思うという意味で、神がかり的なんです。

豊かな時代に人間が堕落するのはなぜか

本村　宗教が個人の内心に踏み込むのは、本当に問題だと思いますよ。それこそ、信教の自由、思想信条の自由、内心の自由といったものは、近代社会における鉄則ですからね。それが蔑ろにされがちなのも、近代という枠組みが限界を迎えているひとつの証左なのかもしれません。

佐藤　信教の自由や思想信条の自由とは、内心について告白することを強要されないというのが原則ですからね。内心で何を考えているかについては、言わなくていい。その意味を理解していない人が多すぎます。

本村　でも、それを歴史的に遡っていくと、キリスト教に行き着くんですよ。キリスト教以前の宗教は、人間の内心には踏み込みませんでした。たとえばユダヤ教でも姦淫《かんいん》の罪はありますが、それは行動を規制しているわけですよね。人の奥さんに手を出してはいけない、と。

ところがキリスト教の新約聖書になると、「情欲をいだいて女を見る者は、心の中ですでに姦淫をしたのである」というわけです。手を出しちゃいけないだけでなく、そういう気持ちで見るだけでいけない。人の奥さんに手を出してはいけないというのはもちろん、嫌らしい気持ちで見ただけでも裁かれてしまう。つまり「内心」を問題にしているわけですよ。

佐藤　たしかに、内心の欲望と姦淫という行動がそこでは等号でつながれています。

本村　内心で思うだけで罪だと見なす倫理観は、ここから出てきたと思います。ただし、それはキリスト教だけのせいではないでしょう。これは『ローマ人の愛と性』（講談社現代新書）という自著でも書いたことですが、色欲を含めた人間の欲望を汚らしいものだと感じる意識が、キリスト教以前に、ローマ社会の中で生まれたんじゃないかと思うんですね。

佐藤　なるほど。

本村　なぜそうなったのか明確にはわかりませんが、人々の生活が豊かになったことと関係があるのかもしれません。というのも、豊かな時代になると、貧しかった時代よりも人間は堕落するんですよ。

たとえばペルシャが豊かだった時代には、ギリシャ人が「あいつらは堕落している」とペルシャ人を軽蔑しました。しかしそのギリシャも豊かになると、よそから「堕落した」と言われてしまう。これは、世界史で一切解決されたことのない問題です。豊かな時代になってからも精神的な気高さみたいなものを維持することに成功した社会は、世界史の中にひとつもない。

佐藤　そうか、堕落を食い止めようとすると、内心に踏み込まざるを得ないというわけですね。だとすると、いまの日本人は堕落しているから、必要以上に倫理観や正義感の強い人間たちが他人の内心に土足で踏み込むということになります。

本村　まあ、いまの日本は経済がダメなので決して豊かではないと思いますが、昔より豊かであることはたしかですし、堕落しているのも間違いないでしょう。高度経済成長期には、よくこんな話を聞きました。

「戦争で自国を守るために懸命に戦って命を落とした日本の軍人たちが戦後の日本人の生き方を見たら、きっと嘆くだろう」と。「俺たちは、こんな堕落した世の中をつくるために戦ったんじゃない」というわけです。

それは価値判断の問題ですが、同じようなことはどんな時代にもあったんじゃないでしょうか。これは人類にとってひとつの大きな課題だし、それはおそらく宗教にも深く関わっていることだと思います。

「紅白歌合戦」と初詣は宗教的な創造儀礼

佐藤　たしかに、貧しい時代の人々から見れば、豊かな社会は堕落したように見えるでしょうね。ただ、いまの日本は命がけの戦争こそしてはいないものの、首都圏では小学校四年生から中学受験という戦いに投げ込まれている子どもたちもいるわけです。

冷静に見れば、あれはほとんど教育に名を借りた虐待ですからね。教師や部活指導者による体罰が減ったと思いきや、そうやって別の形で暴力が振るわれる。社会における暴力の総量は常に一定で、戦争という形で集中的に現れることもあれば、ほかのところで分散的に現れることもあるんだろうと思うんですよ。

本村　たしかに、暴力のエネルギー自体は保存されているのかもしれませんね。そのエネルギーがどこに向けられるのかを決める上で、宗教は何らかの役割を果たしているような気もします。

日本人は一般的に無宗教だとか信仰心が薄いとか言われますが、どうなんでしょうね。そうはいっても、正月には多くの人が初詣に行くわけですし。

佐藤　私は、大晦日のＮＨＫ「紅白歌合戦」と初詣は日本人にとってワンセットの宗教的セレモニーだと思っているんですよ。まず「紅白歌合戦」というお祭りによって、人為的にカオスをつくり出す。それが二三時四五分に終わると「ゆく年くる年」になり、一転して落ち着いた雪景色の中で除夜の鐘がゴーンと鳴り、やがてアナウンサーが静かなトーンで新年の訪れを告げるわけです。新しい秩序の始まりですよね。

　いったんカオスを迎えなければ、新しい秩序は生まれません。あれは、「カオスからコスモスへ」という創造儀礼なんです。だから、「紅白歌合戦」を見てから初詣に行くのは、きわめて正しい日本人のあり方なんですよ。そうじゃなければ、あんなにデキの悪い歌番組が高視聴率を取れるはずがない（笑）。

本村　いまはもう、世代的にわかる歌がないから見なくなりましたねぇ。

佐藤　視聴率が低下傾向で、打ち切り論もときどき聞こえてきますが、もし「紅白歌合戦」がなくなったら、日本人が新鮮な気持ちで正月を迎える感覚が薄れるでしょうね。初詣客も減るかもしれません。

本村　初詣といえば、ある年に出産を控えた私の知人が、正月に三つか四つの神社を回ったそうなんですよ。でも、ちょっと身体の弱い子が産まれた。そうしたら、その人は「あちこちに初詣したからバチが当たったのかもしれない」と言ったんです。

佐藤　神様がヤキモチを焼いたというわけですね。

本村　そうそう。こういう人間の心理が一神教の発生につながったんじゃないか、などと思ってしまいましたけれどね。

佐藤　そういう素朴な信仰心は連綿とありますよね。私が鈴木宗男事件で捕まったとき、ロシア思想史研究家の下里俊行氏（上越《じょうえつ》教育大学教授）に「佐藤、難しく考えることないよ。こんなことになったのは、厄年だからだよ」と真顔で言われましたからね（笑）。「キリスト教徒だから厄払いとかしてないでしょ？」と。

本村　半ば冗談ではあるんでしょうけれど、まったく信仰心がなかったら、そんなこと思いつきもしないですよね。立派な知識人でもそうなんですから、やはり日本人も信仰と無縁ではいられないということでしょう。

現代日本でも生きている「丑《うし》の刻《こく》参り」の伝統

佐藤　場所によっては、信仰心のかたまりみたいなところがありますよ。すごいのは、京都の貴《き》船《ふね》神社。紅葉がきれいなことでも有名ですけれど、あそこは怖いところですよ。絵馬を見ると、「私の夫と不倫している×××が狂い死にますように」などと実名、住所入りで書いてあったりするんです。逆に「彼が奥さんと別れてくれますように」というのもある。

本村　へえ、そういう神社なんですか？

佐藤　丑の刻参りの発祥地だと言われていますね。だから奥に行くと、御《ご》神木《しんぼく》に藁《わら》人形が五寸釘で打ちつけられていたりするんです。器物損壊罪になりかねないんで、本当はやっちゃいけないんですが、それでも後を絶たないんですから、よほど効くと信じられているんでしょうね。

本村　藁人形って、どこで手に入れるんですかね（笑）。

佐藤　ふつうにアマゾンで売っていますよ。昔はけっこう高くて、四〇〇〇円ぐらいしたんですが、最近は安くなっていて、一〇〇〇円以内で買えます。「呪いのロウソク＆金槌付き」とか、使い方を教えるＤＶＤとセットとか、バリエーションも豊富です（笑）。

本村　よくそんなことまで知っていますね（笑）。しかしまあ、近代社会といっても、人間の心はそんなに古代と変わっていないのかもしれません。ローマのお墓なんか見ると、「この墓に手をつけた者に災いあれ」などと刻まれていたりします。「小便を引っかけるやつはとんでもない。どうせなら酒を引っかけてくれ」とかね（笑）。

佐藤　要求が具体的で面白いですね（笑）。

本村　中世のキリスト教社会になってからはそういう呪術的なものは少なくなったでしょうけれど、たとえばアヴィニョンに教皇庁をつくったヨハネス二二世というローマ教皇（在位一三一六～一三三四）は、対立していたミラノ大司教のジョヴァンニ・ヴィスコンティに呪いをかけられそうになりました。ヨハネス二二世の彫像をこしらえて、それを火で焼くよう呪術師に頼んだんですね。結局、呪術師はそれを断ってアヴィニョンに密告したんですけれど。いずれにしろ、そんな聖職者レベルでも本気で呪いの類に手を出していたわけです。世間ではもっと広く行われていたでしょうね。

岸田総理がウクライナに持ち込んだ「東洋の神秘」

佐藤　そのヴィスコンティと似たようなことを二一世紀にやったのが、われらが岸田総理ですよ。二〇二三年三月二一日に「電撃訪問」と称してウクライナ入りしたとき、ゼレンスキー大統領に広島の「必勝しゃもじ」をお土産に渡したじゃないですか。あれ、われわれ日本人には広島の土産物だとわかりますけれど、ウクライナ人から見たら「悪魔の文字みたいなものが書かれた不気味な木のヘラ」ですからね。「これがあれば戦争に勝てます」と言われて、怖かったと思いますよ（笑）。

たとえば海外から魔術師を名乗る人物が日本にやってきて、意味のわからない文字の書かれたお札《ふだ》みたいなものを「あなたの敵を倒すために特別の呪いをかけてある」と言って渡されたら、ちょっと怖いでしょ。そういう呪術的なものが、日本では総理大臣クラスでも生きているわけです。一神教の世界は基本的にまじない禁止だから、あれには東洋の神秘を感じたと思いますよ、ゼレンスキーたちは。

本村　断ったらどんな祟りがあるかわからないから、とりあえず受け取るしかないですよね（笑）。

佐藤　だって、日本からウクライナへの軍事支援はわずか四〇億円ですよ。高速道路一キロメートルつくるのに五三億円かかるそうですから、四〇億円は高速道路を八〇〇メートル程度しかつくれない額です。ちなみにステルス戦闘機Ｆ-35は一機一五〇億円。日本の国力を考えたら、まともに支援しているとは思えない額しか出していないわけです。ウクライナから見たら、「その足りない分を、この不気味なしゃもじでカバーするのか？」と思うかもしれません。

本村 それでバランスが取れるとしたら、しゃもじの効力は凄まじいですよね（笑）。

佐藤 東洋の神秘おそるべし、ですよ。ロシアと西側諸国が一神教同士の価値観戦争をやっているところに、その宗教性に無自覚なまま、八《や》百万《およろず》の神を抱えて加勢しに行ったわけです。

本村 近代の限界が露呈しつつあるところに、前近代的な呪術を持ち込んだという意味では、結果的に空気が読めていたのかもしれませんけれどね（笑）。しかし、そんな考えはまず間違いなくなかったでしょう。やはりキリスト教をはじめとする世界宗教への理解をもっと深めなければ、この戦争を契機に新たな局面を迎えるであろう国際情勢に対応できないのではないかと思います。

第二部　宗教と帝国

――領土拡大とご利益の時代

「宗教的敬虔《けいけん》さ」がローマ人の特質

佐藤　いまやキリスト教は最大の世界宗教ですが、その拡大は古代ローマの歴史を抜きには語れません。当初は弾圧されていたキリスト教がのちにミラノ勅令《ちょくれい》で公認され、やがてローマの国教となりました。

　その成り行きを語る前に、まずはローマ人の宗教性についてうかがいたいのですが、基本的にはギリシャと同じ神々をローマ人も信仰していたんですよね？

本村　もともとローマ人にとっての「神」は精霊に近い存在で、ギリシャ神話の神々のような喜怒哀楽を持つ人間くさいものではなかったんですね。独自の神話もなかったので、ギリシャ文化と一緒にギリシャ神話も受け入れました。ギリシャの「ゼウス」がローマでは「ジュピター」、ギリシャの「アフロディーテ」がローマでは「ヴィーナス」など名前は違いますが、同じ神話を持つ同じ神々を信仰していたわけです。

　しかし宗教的な敬虔さという点では、ギリシャとローマのあいだには大きな違いがあったようですね。ギリシャ人のポリュビオスがローマの興隆期を記述した『歴史』を見ると、それがわかります。

紀元前一六八年から二〇年ほどローマに住んだポリュビオスは、ローマ貴族の葬礼に感銘を受けました。死者の面影を写した仮面を、故人と体格の近い親族がつけて葬礼の場に現れる様子を「これに勝る光景がいったいどこにあり得よう」と書いています。ギリシャ人の目に、ローマ人は「敬虔な民」に見えたんですね。当時のギリシャ人はもはや葬礼の形式自体に大きな意味を感じていなくて、フェスティバル気分で集まって酒を飲みながら大騒ぎしていましたから。

佐藤　酒神バッカスの出番ですね（笑）。いや、それはローマ神話での名前で、ギリシャ神話では「ディオニュソス」ですか。

本村　そうそう（笑）。それに比べてローマ人は、神々の前でかしこまっている。それがポリュビオスの目には敬虔な姿に見えたわけです。

佐藤　ローマから見ると、当時のギリシャは「先進国」だったわけですよね。ローマ人自身も自らの後進性を自覚していたんでしょうか。

本村　ポリュビオスの時代から一〇〇年後でも、ローマの詩人キケロは「ギリシャ人には学芸の力においてかなわない」と書いています。また、劣等感を抱く相手はギリシャ人だけではありません。ケルト・ゲルマン系のガリア人には体格や活力で劣り、イベリア半島のヒスパニア人には人数で負け、エトルリア人には鍛冶《かじ》などの技能でかなわない。鍛冶だけでなく、エトルリア人は建築技術も高かったし、紀元前五〜六世紀の時点で歯を治すブリッジみたいなものもつくっているんです。

佐藤　ローマ建築もエトルリア文化を模倣したものと言われていますよね。

本村　そうです。エトルリアは現在のトスカーナ地方にあった国土で、ローマよりも早くからギリシャの影響を受けていたんですね。だから、初期ローマは文化的にかなわない。

さらにカルタゴ人は貿易商として商業的な成功を収めていたので、その点でもローマ人は劣っていました。

佐藤　まさに劣等感のかたまりですね。

本村　戦争でも、体格のいいゲルマン人の軍隊は、ラテン系の小さい身体のローマ人からすれば、どうしようもなく怖かったわけです。ゲルマン軍団が行進してくると、その両側にローマ兵を配置しておきますが、初めのうちは攻撃させない。しばらくのあいだ、ゲルマン人の生態を見させて、身体が大きいということに慣れさせることから始めるわけです。それから戦わせるという手続きを踏んでいた（笑）。ローマの将軍マリウスが行ったという事例があります。

こうしたマイナス面を並べてから、キケロは「ではローマ人は何が優れているのか」と自問するんですね。それに対する答えは「宗教的敬虔さ」でした。ギリシャ人のポリュビオスも、ローマ人のキケロも、それをローマ人の特質と見ていたわけです。

ギリシャとローマの「祖国愛」

佐藤 その宗教的な敬虔さは、ローマの発展に影響を与えたのでしょうか。

本村 少なくともポリュビオスはそう考えたんでしょうね。彼が『歴史』を書いたときのいちばんの問題意識は、「なぜローマだけが強大になったのか」ということでした。

当時の地中海世界には、小さなものまで含めると二〇〇〇ぐらいの都市国家があったわけです。その中で突出したローマの優れた点のひとつとして、宗教的敬虔さを挙げている。これは、公共精神の強さにもつながることでしょうね。

というのも、ギリシャ人は「公」より「個」を大切にするのに対して、ローマ人は公共の安泰を重んじたからです。ポリュビオスは、ローマ人の感動的な葬儀の背景に、それを見出しました。

ローマの若者には、たとえ死んでも英雄的功績は永遠に語り継がれるという思想的な刷り込みがある。ポリュビオスはそう考察しています。僕は、神々を畏怖する気持ちの強さが、ローマ人の「祖国愛」とつながっているように思っているんですよ。

佐藤　近代的な「ナショナリズム」とは違う「パトリオティズム（愛国心）」ですね。

本村　はい。国民国家という概念が生まれる前から、祖国愛に基づく戦争はあったわけです。でも、「祖国の栄光を守るために敵と戦う」という意識がいつ生まれたのかについては、諸説あるんですよ。「ギリシャのポリスでは市民たちが強い祖国愛を持っていた」と考える人もいれば、「祖国愛が強烈に出てきたのはローマだ」と考える人もいる。僕自身は、ギリシャの「祖国愛」に疑念を持っているんですけれどね。というのも、ギリシャはポリスの領域からあまり出ようとしないからです。

佐藤　ギリシャは、ローマのような大規模な水道をつくらなかったんですよね。領土を広げようという意思があまりなかったことは、そこからも窺えます。

本村　そうですよね。あそこは山の多い地形だから、大きくなろうとは思わなかったのでしょう。だからこそ最後にマケドニアにつけこまれてしまったという面もあります。紀元前三三八年のフィリッポス二世による侵攻のために、ギリシャ諸国は深刻なダメージを受けました。

佐藤　たとえばアテネとスパルタはお互いに言葉が通じますが、それぞれ別の「パトリ」という意識はあるわけですよね？

本村　言葉には方言もあるので、そういう意味でのパトリオティズム意識はあるんですが、「ギリシャ」という枠組みでの祖国愛はあまり強く感じられないんですよ。それについても、ギリシャ人はローマ人と自分たちはルーツが異なると感じていたようです。

紀元前三世紀、ギリシャが全体的に落ち目の時期を迎えていた頃に、ギリシャ北方のエペイロスの国王ピュロスが、ローマに使節を派遣しました。ローマの進出を食い止めるために、情報収集をしたんですね。

その使節の報告によると、まずローマの元老院議員は一人ひとりが国王のような威厳を持っている。そして、庶民レベルでも、国のために命を捨てることをあまり嫌がっていない、というわけです。ですから、やはりギリシャよりもローマのほうが祖国愛が強かったのだろうと考えられるんですね。

佐藤　ギリシャのポリスにとって共通の「敵」としてペルシャが出てきたときは、どうだったんでしょう。

本村　対ペルシャという面では、アテネが主導権を握って少しはまとまりを見せました。

ギリシャの各ポリスも、文化や宗教は共有していますからね。でも、ローマのようなレベルのパトリオティズムには至らない。国家連合のような形で対抗したんですね。

佐藤　敵がいるときだけ、征夷大将軍の下で団結するような感じですね。現代のチェチェンなんかもそうですが。

本村　そこが、ギリシャとローマの大きな違いです。この違いは、市民権の付与にも表れていますね。ギリシャは自分たちのポリスだけで治めているので、他国と認める地域には市民権をあまり与えようとしません。一方、ローマはどんどん領土を拡大していく中で、各地の名士や富豪などに市民権を積極的に与えていきました。

佐藤　イギリスの学位みたいですね（笑）。アメリカは外国人に簡単に学位を与えませんが、イギリスは植民地主義者だから、自分たちのポストを脅かされないかぎり外国人に対してはかなり緩い。自分の大学の博士号を取った人間が植民地に行くことはプラスだと考えるわけです。

本村　イギリスは一七世紀以降、植民地主義のやり方をかなりローマから学んでいると思いますね。エドワード・ギボンの『ローマ帝国衰亡史』などが広く読まれるようになる背景には、ローマ的なやり方への関心があるんだろうと思います。

「父祖の遺風」という規範意識

佐藤　社会構造はどうだったんですか。ギリシャは「自由民」の中に平民と貴族がいて、それとは別に奴隷と女性と子どもたちがいたわけですよね。この区分はローマも同じようなものだったんでしょうか。

本村　基本的にはそんなに違いませんね。どちらも「自由民」と「奴隷」の区別がもっとも大きい。古代の人たちにとって、自由人はきわめて優れた誇らしい存在でした。だからプラトンやアリストテレスのような偉い知識人でも、奴隷の存在は自然なものだと平気で言うんですよ。奴隷が自由人のために奉仕するのは当たり前だと考えられていた。

佐藤　その両者の差と比べると、貴族と平民の区別はそれほど大きくないわけですね。

本村　どちらも誇りある自由身分ですからね。最初の頃は家柄などで貴族と平民を分けていましたが、だんだん曖昧になっていきました。

　結局は経済力の違いで差がつけられて、ギリシャでもローマでも、ある程度の財産を持つ富裕民が、国家の枢要な地位を占めるようになります。それを子が継承することで家柄みたいなものが生まれて、貴族身分になるわけですね。

よく日本では国会議員の世襲が批判されて「いまは二世や三世が多いからダメなんだ」と言われますけれど、ローマの元老院なんて何世まで続いているかわからないぐらいですよね（笑）。それでもローマは長く繁栄したんですから、「世襲すると劣化する」という見方は、じつはかなり近代的な発想なのかもしれません。古代や中世の人々は、家ごとの格式や流儀を大事に継承していったわけです。

佐藤　現代でも、茶道や華道や歌舞伎の世界は家元制度ですからね。世襲によって、それぞれの価値を守っている。

本村　そうですよね。ローマの政治にもそれに近いものがありました。「モス・マイヨールム（mos majorum）」＝「父祖の遺風」に負けないように生きる、という規範意識を持っていたのが、ローマ人の大きな特徴です。

ですから、教育も家庭でしっかりやる。共和政中期の国粋主義者として有名なカトーは、「教育は人に任せず父親が自分でやるべきだ。とくに息子にはあらゆる学問を手を取って教えなければいけない。妻に育児を任せて手伝わない男はダメだ」といったことを語っています。今風に言えば「イクメン」でもあるわけですが（笑）。

佐藤　その大カトーの曾孫《ひまご》がカエサルの政敵となった小カトーですよね。たしかに、「父祖の遺風」は末代までつながっています。

本村 それが教育の基本でした。いまの日本の政治家は、地盤や看板を譲るだけで、そこまで徹底的にやっていないでしょうけれどね。ローマ人は強烈な覚悟や責任感を持って家風を守っていたんだと思います。

佐藤 日本でも戦前ぐらいまでは、それなりの家では「家訓」を書きつけた巻紙がありましたけれどね。

本村 われわれの世代でも、東京の上流階級で育った人たちは言葉遣いがものすごく丁寧だったりしますよ。大学に入ったときに、名家出身の同級生に出会ってビックリしましたから。「なんでそんな喋り方ができるの？」と聞いたら、「いや親がこういう喋り方するから」と言ってましたね。

僕のうちなんか、祖父母の世代が農家だからそんな家風はないんだけれど、東京の青山墓地に葬られるような人たちはやはり違う（笑）。もっと下の世代にまでそれが受け継がれているかどうかはわかりませんけれどね。

佐藤 日本の場合、ほとんどの宗教は実質的に祖先崇拝ですよね。祖先崇拝と宗教の連続性が非常に高い。祖先はみんな神様になって、それを束ねているのが天皇だという形にしたことで、近代化の枠組みがうまく整ったわけです。

ギリシャやローマにも当然、祖先崇拝はあったでしょう。その祖先と神話の神々を、どのように結びつけていたんでしょうか。

本村　家の中に、神々を祀る祭壇がいくつもあるんですね。その中に、祖先を祀る祭壇もあるわけです。一神教的な文化で育った近代人には理解しにくい世界のようですが、いくつかある祭壇がすべて自分たちの共同体や家を守ってくれるという感覚ですね。

佐藤　いわゆる単一神教の中でも、崇拝する神が特定されずにときどき変わるものを「交替神教」（多数の神の併存を認めるが、特定の一神を主神として崇拝する宗教）といいますが、それとは違うわけですよね？　いろいろな要請に応じて、たとえば学芸の神の次は健康の神……という具合に、どんどん祭壇の数が増えていくんですか？

本村　増えるというわけではなく、神話の神々の中でその家がどれを重視しているかで祭壇の種類や数が決まるということでしょうね。神々の世界というのは、日本人には比較的理解しやすいと思います。世界的に見ると、キリスト教があり、イスラム教があり、ということで、現代ではやはり一神教的なものがかなり幅を利かせているわけですから。

ちなみにいちばん最初の一神教であるユダヤ教は、図式的に言えば、民族宗教ですね。

唯一の神というのが非常に厳めしいというか、人間を罰する神であると感じられていたわけです。一方のキリスト教は世界宗教、つまり浸透拡大していくし、拡大に積極的である。両者は許す神かどうか、人間の罪を許すかどうかというところに大きな違いがあると思います。ローマ帝国の中では多神教が一般的でしたが、もちろんユダヤ教もあり、その中でキリスト教が生まれて、世界宗教としてのキリスト教が発展していったというわけです。

ローマ帝国とキリスト教

佐藤　さて、そういう多神教世界のローマにおいて、キリスト教は当初、弾圧を受けました。とはいえ、それ以前からユダヤ教は存在していたのですから、「一神教」であるがゆえに弾圧されたわけではありませんよね？

本村　ローマは基本的に、外来の宗教をほとんど無条件で受け入れましたし、属州で暮らす人々には信仰の自由を認めていました。ユダヤ人が自らの信仰を守ることも、ローマはまったく問題視していません。

　しかし、ユダヤ人は選民思想があるので同じ信仰の者だけで固まっていましたが、キリスト教徒は異なる信仰を持つ人に対して「ほかの神を信じてはいけない」「それは本当の神ではない」などと言いました。弾圧されたのは、それがいちばんの要因だと思います。でも、そういう宗教だからこそ、やがて世界中に広がったんでしょうけれどね。最初の二〇〇年ぐらいは、ほとんど広がっていませんが。

佐藤　コンスタンティヌス（在位三一〇〜三三七）の時代までは、あまり広がらなかったということですか？

本村　いえ、コンスタンティヌスの二〜三世代ほど前から急激に広まりました。ローマ帝国が、大規模な動乱によって「三世紀の危機」と呼ばれる不安と混乱の時代を迎えていたことがひとつの理由でしょうね。一定のペースで徐々に広まったのではなく、その時期に一気にキリスト教が拡大しました。

佐藤　宗教が大きくなるときというのは、そんなものなのでしょうね。たとえば創価学会も、初代会長の牧口常三郎《まきぐちつねさぶろう》の時代はほとんど広がっていません。二代会長の戸《と》田城聖《だじょうせい》のときでも、七五万世帯超えまで。三代会長の池田《いけだ》大作《だいさく》になってから、一気に広がりました。

本村　しかしキリスト教が急速に広まったときには、ディオクレティアヌス（在位二八四〜三〇五）による最後の大迫害が行われました。「三世紀の危機」を克服して、後期ローマ帝国の基盤をつくったという意味で、優秀な皇帝です。僕自身は歴代のローマ皇帝の中でも三本の指に入る人物だと思っていますが、急速に力をつけるキリスト教に反感を抱く人たちも多かったんでしょう。「この段階で何とかしないといけない」という危機感もあって、大迫害になった。

佐藤　裏返せば、ディオクレティアヌスのとき総力を上げて迫害したにもかかわらず潰すことができなかったから、「ならば逆に取り込んでしまえばいい」という発想になったんでしょうね。しかもキリスト教の旗を立てたら、戦争にも勝つことができた。ご利益があるぞ、という話になったわけです。

本村　そう、それでコンスタンティヌスが公認に踏み切ったんですよね。それまでは、帝国をまとめるために皇帝に対する忠誠心を植えつける必要があるので、一神教のキリスト教は邪魔な存在でした。しかしコンスタンティヌスは、皇帝は神から力をもらっているという形で一本化したわけです。ディオクレティアヌスは、ギリギリのところでそれができませんでした。

神学的に注目されるコンスタンティヌスのミラノ勅令

佐藤　それにしても、ローマのキリスト教はコンスタンティヌスに公認された後、さらには国教にまでなったわけです。よくあんな短期間でそこまでのことができましたよね。

本村　コンスタンティヌスによる公認からテオドシウス（在位三七九〜三九五）による国教化まで八〇年かかりましたし、その間にはキリスト教を捨ててギリシャ・ローマ神への信仰を告白した「背教者」ユリアヌス（在位三六一〜三六三）のような皇帝もいました。

　しかしポール・ヴェーヌというローマ史学者は、コンスタンティヌスの個人的な力が大きいと言っていますね。「三世紀の危機」における拡大が基盤になったのはたしかだけれど、キリスト教の普及を軌道に乗せた最大の功労者は、あの時期にキリスト教を公認したコンスタンティヌスだと。

佐藤　やはりコンスタンティヌスは非常に重要ですね。キリスト教の旗を掲げた戦争で勝っていなかったら、コンスタンティヌスがああいう発想になっていたかどうかわからない。

本村　そのとおりです。

佐藤　しかもコンスタンティヌスはキリスト教の洗礼をアリウス派（イエスは人の子であり神そのものではないと考える立場）から受けたので、アタナシウス派（イエスは神自身と同質だと考える立場）からすると「とんでもないやつだ」ということになる。おそらく実証史学の人にとってはミラノ勅令なんて大した話じゃないと思いますが、キリスト教神学においてミラノ勅令は後付けの物語として重要な問題なんです。

というのも、東ドイツのギュンター・ヤコブという牧師が「ポスト・コンスタンティヌス系の時代」という言葉を使って、三一三年のミラノ勅令でコンスタンティヌスと結合したキリスト教が特権を失っていくプロセスを、社会主義体制での文脈で肯定的に捉えるべきだという考え方を示しているからです。そこから、ミラノ勅令が神学的に注目されるようになりました。

一九世紀以降、キリスト教共同体としてのヨーロッパは、ユダヤ・キリスト教の一神教とギリシャの古典哲学とローマ法の文化的な総合体だと考えられていたわけですよね。別の言い方をすれば、ヘブライズムとヘレニズムとラティニズムの総合体としてヨーロッパがある。それが世俗化したのが近代だというわけです。

しかし社会主義体制の誕生という強烈なインパクトを受けた一部の神学者たちは、それを抜本的に捉え直すべきだと考えるようになりました。私自身はそのあたりの神学の影響を非常に強く受けているんです。

創価学会とのアナロジーで見ると、ミラノ勅令は自公政権なんですよね。それまでは野党側だった創価学会が与党化したのが自公政権でしょ？　キリスト教も、ミラノ勅令によって与党化しました。これは、世界宗教になるための条件のひとつです。

そして、与党化すると教義が正反対のように変わっていくんですよ。だって、カトリックの修道院は本来の「清貧」とは程遠い世界でしょう？　新約聖書にはイエスが「金持ちが天国に入るのはラクダが針の穴を通るより難しい」と語ったと書かれているのに、現実に存在する教会では富の蓄積がなされているわけですから。

ロシアとウクライナの「クリスマス論争」

本村　キリスト教が与党化するプロセスの中では、僕はミラノ司教のアンブロシウスの存在も大きかったと思います。アウグスティヌスをキリスト教に導いた人ですね。

佐藤　アンブロシウスにはかなりエキセントリックなところがありますから。

本村　でも、見方によっては彼ほどローマ人らしい人間もいなかったんじゃないかと思うんですよ。テオドシウスは三八〇年にカトリック国教化勅令を発しましたが、伝統的な異教に対しても寛容なところがあって、重要な官職にも異教徒を登用しました。厳しい異教徒政策を進めるアンブロシウスとは対立関係にあったんですね。

そして、三九〇年にテッサロニキで起きたゴート人守備隊長殺害に激怒したテオドシウスが、報復措置として七〇〇〇人もの市民を虐殺したとき、アンブロシウスは皇帝が公式に悔悛《かいしゅん》の情を表すまで聖体《せいたい》拝受を許しませんでした。

聖体拝受というのは、パンとぶどう酒を口の中に入れることです。つまり体内に入れることを指すわけで、これを禁止されるということは、結局、罪を許される人間として認められていないということになります。天国に入ることが許されない。その結果、テオドシウスは八か月後に折れて懺悔《ざんげ》したわけです。

ちなみにハインリヒ四世がローマ教皇グレゴリウス七世に屈服し赦免《しゃめん》を得た「カノッサの屈辱」が一〇七七年のこと。それより七〇〇年ぐらい前に、アンブロシウスは同じようなことをやっていたんですね。

この出来事を経て、テオドシウスはすべての異教礼拝を禁じました。自分の信条を強く貫くという意味では、アンブロシウスはローマ人らしいと感じます。

佐藤　しかし東方正教会のほうから見ると、アンブロシウスは知性のかけらもない大変な乱暴者という印象になるんですよね。そのアンブロシウスによって回心させられたアウグスティヌスなんかは、「あれは半分ぐらいマニ教徒（マニ教：ササン朝ペルシャのマニが三世紀に創唱。ゾロアスター教を母体とする）だろう」と言われてしまう。

本村　実際、アウグスティヌスはもともとマニ教徒でしたよね。

佐藤　東で尊敬されているのは、なんといってもイスラム化したダマスカスで一生懸命にキリスト教の仕事をしたダマスコのヨハネですからね。全然別の系統です。

本村　東と西の対立は根が深いですよね。まず西でカトリックができて、それにあまり賛成しなかった人たちが東に行った。もともと相容れないものがあると思います。

佐藤　その東西のズレが、いま起きているロシア・ウクライナ戦争にも表れているわけです。カトリックのウクライナ人は相対的に少ないけれど、価値観としてはカトリックの代表みたいになっちゃっていますからね。

本村　ロシア正教内の争いではないわけですか。

佐藤　違います。正教とユニエイト（東方典礼カトリック教会）の争いです。それが顕在化したのが、二〇二二年末に起こったクリスマス論争でした。ウクライナは一二月二五日にクリスマスをやりましたが、これは正教徒の国がやることじゃありません。ユリウス暦を放棄してグレゴリオ暦を使ったのですから、これは大変な話です。

本村　なるほど、ロシア正教で使うユリウス暦の一二月二五日は、グレゴリオ暦の一月七日なんですね。

佐藤　そういう面を見ても、これが宗教ベースの価値観戦争であることがよくわかります。価値観戦争だからこそ、たとえば国際刑事裁判所（ＩＣＣ）がプーチンの逮捕状を取っても、ロシアはまったく慌てることがありません。プーチンから見れば、「なるほど、悪魔崇拝者たちはやはり悪魔の法廷を用意してきたな」という話ですよ。

　ロシア人の多くは、プーチンに批判的な人たちも含めて、あれを侮辱的だと思っていますからね。だからクレムリンとしては、「ＩＣＣよ、われわれが団結する材料をくれてありがとう」ぐらいの感じだと思います。

本村　まさに「近代」の理屈が通用しない「前近代」的な姿勢がもたらした戦争なのだと理解が深まりますね。

ロシア正教は日本の国家神道に近い

佐藤　ただし念のため言っておくと、東方のキリスト教は多神教には寛容です。だから、たとえばモンゴル系のブリヤート共和国でも仏教を潰そうとはしないし、アルタイ共和国のシャーマニズムを潰そうともしません。

　ロシア正教は、ある意味で、戦前の日本における国家神道に近いんですよ。ロシア国民の慣習みたいなものだから、プロテスタントも仏教徒も無神論者も、正教の行事には参加されたらいかがですか、という感じ。復活祭の前にはパンケーキを焼いて、お肉はあまり食べないとかね。宗教は、そういう形で人々の慣習になったときがいちばん強いんです。

本村　そういえば、英語学者で上智大学名誉教授だった渡部《わたなべ》昇一《しょういち》先生はカトリックのキリスト教徒でしたが、「伊勢神宮に行くのは何の抵抗もない」とおっしゃっていました。それも国家神道が日本人にとって「慣習」のようなものだったからですかね？

佐藤　カトリックは日本人の神社参拝を「慣習」だとバチカンが認めています。戦前に暁星中学校の生徒と上智大学の学生が靖国参拝を拒否したときに、日本のカトリック評議会がバチカンに「これは日本国民の習俗であって宗教活動ではないから問題ありませんよね？」とお伺いを立てたんですよ。それに対してバチカンは「問題ない」と回答しました。その判断が現在も生きているので、カトリックでは神社参拝の問題は生じないんです。

本村　プロテスタントは？

佐藤　教派によりますが、ふつうは嫌いますね。たとえば富岡《とみおか》幸一郎《こういちろう》さんは靖国問題を真面目に考えた上で参拝しているプロテスタント教徒ですが、日本の神学界は彼の問題提起を無視しています。彼は『使徒的人間　～カール・バルト』（講談社文芸文庫）という良い本も書いていて、私もそれの解説を担当しましたけどね。日本聖書協会共同訳も、富岡さんが全部チェックしています。

本村　古代ローマ史の専門家で、僕の先生でもあった弓削達《ゆげとおる》先生は、プロテスタントのキリスト教徒でした。国立に自ら創立者みたいな立場で教会もつくった人です。これはご本人から聞いた話なんだけれど、彼は大学生の頃に終戦を迎えたんですね。昭和二〇年八月一五日のことです。

　ご両親もキリスト教徒だし、ご本人も幼い頃からキリスト教徒なので、天皇制に対する嫌悪感のようなものは、表立っては口にしないものの内心に持っていたそうです。ところが、玉音放送が始まった途端に直立不動の姿勢になったんですって。それぐらい「慣習」として根づいていたということかもしれません。当時の皇民化教育の恐ろしさも感じますが。

佐藤　陸軍中野学校でも、「天皇陛下」と言われて直立不動にならないように訓練するのがいちばん大変だったそうですよ。秘密戦に従事しているとき、天皇に対してそんな反応を示したら一発で日本人だとバレてしまうから（笑）。

世界宗教と教典

本村　先ほど、世界宗教に発展する条件のひとつとして「与党化」を挙げられましたが、創価学会もかなり世界的に広まっているんですよね。

佐藤　そうですね。創価学会インタナショナル（ＳＧＩ）は世界一九二の国と地域に拡大しました。イタリアでは、首相が列席して国家とイタリアＳＧＩの宗教協約が締結されたりもしています。

　でも本来、仏教は世界宗教になりにくいんですよ。というのも、世界宗教になるにはテキストとしての「正典（キャノン）」の存在が大きなポイントだからなんですね。しかも読了可能な分量のテキストでなければ、広まりません。その意味で、仏典は多すぎます。

　しかし日蓮系の宗派は法華経《ほけきょう》一本に絞り込めますよね。だから世界宗教的な発展の可能性があるんです。キリスト教やイスラム教は、ふつうの人でも暗唱可能な分量のテキストを持っていることが、大きな特徴と言えると思います。

本村　キリスト教も新約聖書を読むだけでも大変ですけれど、たしかに仏典と比べたら少ないですよね。ここで簡単に聖書について説明しておきましょう。

　聖書には、旧約聖書と新約聖書があります。旧約聖書は、古くはユダヤ教ができたところから始まり、天地創造から、モーセの十戒があり、ユダヤ人のあいだでの約束事というものが記されています。それがユダヤ教の原典になるわけです。これに対して、新約聖書は、イエスの言動を記した四つの福音書がありますが、その他にも、パウロの使徒《しと》言行録《げんこうろく》などもあって、あくまでも、キリスト教徒だけが大事にしている内容になるわけです。

佐藤　近代以前なら、「世界」と「帝国」がほとんど一致していたので、「帝国の宗教」になれば「世界宗教」としての存在感がありました。

　しかし現在は「帝国」という大きな枠組みがなくなり、世界が多くの近代国民国家に分かれています。そのため、世界宗教になる上でテキストへの依存度が大きくなっていると思います。

本村　そうなると、言語の問題が出てきますよね。とくにイスラム教のコーランの場合は、原則として翻訳が禁じられています。コーランに記されたアラーの言葉は、アラビア語で語られているわけだから、翻訳されてしまったら意味がないと考えられているわけです。日本人であってもアラビア語で読まなければいけないし、アラビア語で理解しなければいけない。しかし、現実にはまず不可能である。

　それに対して、キリスト教やユダヤ教のテキストは、複数の言語で書かれています。旧約聖書であれば、ヘブライ語、アラム語、そしてギリシャ語訳になっていたりします。新約聖書の場合は、共通ギリシャ語のコイネーで書かれていますね。

佐藤　翻訳はもちろん、テキストクリティーク（原典を確定する文献学的作業）もできません。どんな教典も、書き写しているうちに間違いが生じるので、地域によって内容にズレが出てしまいますよね。

　しかしコーランはそれを比較して検証することができないので、アラビア語の確定版をつくることさえできないんです。だからみんな、それぞれの流布版を使っているんですよ。

本村　なるほど。どの文献がより古いかを見比べて、オリジナルの内容を推定することができないわけですね。

佐藤　一方、キリスト教の新約聖書には「ネストレ・アーラント」と呼ばれるギリシャ語版の底本があります。一八九八年にドイツの聖書学者エベルハルト・ネストレの校訂で出版され、さらに一九五二年にやはりドイツの聖書学者クルト・アーラントが再校訂したものが出版されました。日本語に翻訳された聖書のほとんどは、それを底本にしています。

　ただしネストレ・アーラントの脚注には、写本によって異なる読み方が示されているので、そこから自分の好きな解釈を恣意的に選んで訳す人もいますけれどね。自称「不可知《ふかち》論《ろん》者」の田川建三《たがわけんぞう》さんもそうですが（笑）。

本村　聖書の写本には、とんでもないものがいろいろありますよね。修道僧が適当に書いて間違っているものとか、勝手に自分の意見を書き込んでいるものとか。

佐藤　昔の『岩波講座　世界歴史』第一版で中世の写本について書かれていましたが、それによると、おそらく改竄《かいざん》しているという意識はないんですね。信仰的に読んでいるから、本人は「これが正しい」と信じている。自分がそう思い込んでいると、たとえば「義人はひとりもいない」という記述を「義人は日本にはひとりもいない」と書き写してしまったりするわけです。

　ジョージ・オーウェルの『動物農場』に出てくる動物の七戒の中に「すべての動物はベッドで寝てはいけない」というのがありますよね。ところが、あるとき豚がベッドで寝ていた。おかしいなと思って壁に書かれた戒律を見直したら、「すべての動物は、シーツのあるベッドで寝てはいけない」と豚にとって都合のいいように書き換えられていたわけです。聖書も、意識的な改竄ではないとしても、無意識のうちに「with sheets」を加筆してしまうようなことが起こるんですよ。

タキトゥスの写本

本村　僕が見た写本の中でいちばん面白かったのは、二世紀の「タキトゥスの写本」ですね。元のテキストに書いてある「クレストゥス（Chrestus）」の「e」を「i」に書き直して「クリストゥス（Christus）」にしているんです。実物を見ると、「e」を消した形跡がはっきりしている。これ、どちらが正しいのかは、第五代皇帝のネロ（在位五四〜六八）のキリスト教迫害をめぐる重大な問題なんですよ。

ネロは、ローマ大火の原因をキリスト教徒の放火によるものと見なしたから、大迫害を実行したと思われています。でも、本当にキリスト教徒が放火したのかどうかわからない。元のテキストの「クレストゥス」は、ネロの前の第四代ローマ皇帝クラウディウス（在位四一〜五四）の時代にやたらと暴動事件を起こしたユダヤ人の名前です。おそらく元のテキストは、その人物が放火したと書いたんでしょう。

ところがタキトゥスは、それを「クリストゥス」、つまり「キリスト教徒」と書き換えた。元のテキストが間違えていると思ったんでしょうね。

でも、ネロの大迫害があった当時、タキトゥスはまだ十歳ぐらいの年齢でした。写本の原本を書いたのは五〇歳ぐらいのときです。事件について、それほど正確な知識を持っていたとは思えません。

しかし欧米の学者は、これをあまり問題にしないんですよね。あれはキリスト教徒がやったものと決めつけているので、タキトゥスの写本が正しいと考えているんでしょう。僕は、「クレストゥス」が正しいんじゃないかと思っています。当時のローマ帝国は、キリスト教徒の存在をそんなに認知していなかったので。

佐藤　原本の「e」が写本で「i」に書き換えられたこと自体は、みんな認めているわけですね。もともと間違えているものを、タキトゥスが正したと。

本村　そうです。でも、その部分に関しては写本が一部しか残っていないので、ほかと比較して検証することができないんですよ。

佐藤　原本自体が誰かの手による写本だから、そちらが写し間違っている可能性はあるわけですよね。だから、水掛け論になってしまって、結論が出ない。

本村　そうなんです。「クリストゥス」が正しいと考える人が多いけれど、僕も含めて、納得していない人も少なくない。いずれにしても、写本のちょっとした違いが大きな問題を生むこともあるわけですよね。もっと小さな問題は、山ほどあるでしょう。書き方が下手な人もいるし。だから修道院の人たちが、「きれいにきちんと書きなさい」としょっちゆう注意しているんです。

佐藤　東洋は木版印刷の始まりも早かったし、江戸時代の日本では多色刷りの版画技術も普及していたから、同じ内容のテキストを大量の人が読むことができました。しかしヨーロッパは、それがすごく遅いんですよね。グーテンベルクの印刷機がなぜ重要な発明だったかというと、それが可能になったから。それまでは基本的に写本だから、どうしてもミスが起きるんです。

それに、中世の大学の図書館はそう簡単に本を貸してくれませんからね。一冊だけ貸して、それをちゃんとマスターしたと先生が認めないと、次の本を貸してくれない。だから、みんな写すわけです。

本村　大学の授業で『薔薇《ばら》の名前』という映画の写本のシーンを学生に見せたことがあります。原本に「アリストテレスには喜劇論があった」と書いてあるんだけれど、キリスト教徒にとってそれはあり得ないことだから、それを消そうとする。

あの場面を見ると、写本でいろんな問題が出てくるのは当たり前だと思いますよね。誤字や脱字も含めて。

佐藤　しかし現代の日本でもその問題は起きますからね。財務省なんか、当時の佐《さ》川《がわ》宣寿《のぶひさ》理財局長が森友学園問題で国会答弁したのに合わせて、原本を直したわけですから。「正しい思想に基づいて直せ」というのは、現代でも珍しい話じゃありません。
しかも安倍さんの回顧録によると「俺を陥れるためにやってたんだろう」みたいな認識もあって、二重三重にねじれている。後世の人たちが「近畿財務局における書き換え問題とは何だったのか」を検証しようとしても、いろんな説が出てきて、なかなか決着しないと思いますよ。

本村　そうでしょうね。結局人の手によって行われる作業なので、ミスも生まれるし作為が含まれることもあります。

佐藤　しかもあれは民事裁判でまったく内容に踏み込んでいません。国が全部認めて賠償金を払っちゃいましたし、刑事裁判は不起訴ですから。内容を審議する場がないまま、永久に封印されてしまう。『薔薇の名前』の世界と変わっていないんですよ。中世と同じことが、いまの世の中でも起きている。

死後も巻数が増える北朝鮮の『金日成《キムイルソン》著作選集』

本村　教典は宗教にとってまさに公文書みたいなものですから、きわめて重要です。さすがに公文書を暗唱している役人はいないでしょうから（笑）、その役割の重さは宗教の教典のほうが大きいと思いますが。

佐藤　暗唱しないと、すぐに話の中で引用できませんからね。聖書の場合、正確にすべて引用することまでは難しいですが、どの話がどのへんに書かれているかぐらいのことは、基本的な神学教育を二五年ぐらい受けていればできます。そこらへんの町のプロテスタント教会にいる凡庸な牧師だって、それはできるでしょう。カトリックや正教の人たちは知りませんけれど。

本村　そのあたりは、プロテスタントとかなり違うんですか。

佐藤　カトリックや正教は、儀式だけきちんとやっていればいいんです。神社で祝詞を上げている神主たちが、『古事記』や『日本書紀』をちゃんと読んでいるかどうかはわからないでしょ？　それと同じようなものですね。

プロテスタントは聖書主義なので、毎週、聖書に基づいた説教をしないといけません。だから、どんな牧師だって一生のあいだに二〇回ぐらいは聖書を読むわけですよ。どんな人だって、同じ本を二〇回も通読したら内容を覚えるでしょう。

本村　二〇回はけっこう大変そうだなぁ。

佐藤　でも、一か月分の新聞のほうがテキスト量は多いですよ。

本村　ドストエフスキーが獄中に四年ぐらい入っていたとき、聖書しか読めなかったんですよね。だから、すごく読み込んでいる。

佐藤　それこそ戸田城聖も、治安維持法違反と不敬罪の容疑で二年余の獄中生活を送りましたが、東京拘置所で法華経全巻を読み進めました。それが創価学会の礎になったわけです。そういう経験が記されたテキストは、キャノン（正典）の一部になるんですね。たとえば幸福の科学の大川隆法《おおかわりゅうほう》さんが亡くなりましたが、残された信者が何を規範にするかといったら、彼の霊言に頼るしかありません。

本村　そうでしょうね。それ以外に頼るべきものがないとなれば、それは自然なことだと思えます。

佐藤　彼の霊言集よりも先には行けないんですよ。たとえば北朝鮮の『金日成著作選集』は、最初は八巻でした。これは生前に刊行しています。その後、『金日成著作集』は四四巻まで増えましたが、その途中で本人は死んでしまいました。

しかしその後も増えて、いまは『金日成全集』が一〇六巻まで出ています。いまの金正恩体制になるまでの北朝鮮は遺訓政治だったので、新しい政策をやろうと思ったら、それを金日成が指示していたことを示す新しい文書が必要だったんですね。だから、次々に文書が「発見」されるわけです。

本村　幸福の科学も、「自分には大川隆法の霊言が聞こえる」と言って、新しい文書が出てくる可能性があるでしょうね。北朝鮮みたいに「未発表の霊言が見つかった」という形にするかもしれませんけれど。それをやらないと、信徒をつなぎとめておくのが難しいでしょう。

佐藤　だから本当は、テキストをしっかりつくっておくことが大事なんです。そういう点で創価学会が優れているのは、まず『池田大作全集』が一五〇巻で完結しているんですね。それから、正史である『人間革命』は第二版が出て、もう初版は使いません。第二版では、日蓮正宗《にちれんしょうしゅう》総本山《そうほんざん》の大石寺《たいせきじ》は極悪非道だという内容に改訂していますから。

本村　日蓮正宗が一九九一年に創価学会を破門しましたからね。

佐藤　さらに『新・人間革命』があり、日蓮の遺文集の御書も二〇二一年に創価学会版をつくりました。これ以上、新しいテキストは出てきません。もう創価学会は完全に閉じた教団になったわけです。

　彼らは世界宗教になることを目指して、キリスト教やイスラム教をよく見ているんですよ。とくにキリスト教をよく見ていますね。

たとえば聖書には「イエス以外を先生と呼んではいけない」と書かれています。だから弟子たちはお互いを「兄弟姉妹」と呼び合っていました。

創価学会の会憲も第三条で、牧口常三郎、戸田城聖、池田大作という「三代会長」の敬称は「先生」とする、と明記しています。ですから創価学会の建物の中では、学者が来ても医者が来ても「先生」とは呼ばない。すごくキリスト教と似ています。「先生」と呼ばれる特別な人をつくることで、ほかのすべての人は平等になるわけです。彼らは別にキリスト教を真似たわけじゃないと思いますが、教団を維持していくことを考えると、自然と構成が似てくるんですよ。

そういう意味で、池田大作の『人間革命』と『新・人間革命』は、いわばイエス誕生後が書かれた新約聖書なんです。日蓮の遺文集がイエス誕生前の旧約聖書。それを合わせたものが規範化されているわけです。

イエスはギリシャ語ではなく「アラム語」で話した

本村　新約聖書の場合、福音書だけでも四つあるわけですが、本当のところイエスが何を言ったのかが大きな問題だと思うんです。ですが、福音書は「コイネー」と呼ばれるギリシャ語で書かれているわけですよね。一方で、福音書の中では、「わが神、わが神、なぜわたしをお見捨てになったのですか」というところだけ「エリ、エリ、レマ、サバクタニ」とアラム語で書いてあるんですよ。イエスの話していた言語と福音書の言語が一致していない。

佐藤　イエスはギリシャ語を喋らず、アラム語で話していましたからね。ときどきヘブライ語を喋るけれど、ふだんはアラム語です。

本村　僕は大学院二年のときに荒井献《あらいささぐ》先生の聖書学セミナーに出ていたんですが、聖書の中でどこが本当にイエスの言葉なのかという話は面白かったですね。聖書のギリシャ語を読んでいくと、どうもギリシャ語としては語順などのおかしいところがある。でも、それをアラム語に直すと非常に自然な言語だというんですね。だとすると、イエスの言葉を記したアラム語の史料をギリシャ語に訳したのだと考えられる。そうやって、イエスの言葉を確定させようという研究でした。

佐藤　ただ、それもやっぱり推定なんですね。原資料がないわけだから。

本村　そうなんです。でも、授業としては面白かった。聞いた話では、近代科学の中でいちばん進んでいるのは物理学と聖書学だというぐらいですから、キリスト教圏では多くの学者が力を入れているんでしょうね。自分たちの信仰に関わるところだから。

佐藤　ただ、われわれ神学の人間はほとんどそれに関心がないんですよ。史的イエスの研究が行き着いた結論は、結局のところ蓋然性《がいぜんせい》の枠を出ないんですね。イエスが実在したことは実証はできないし、否定もできない。なおのこと、どの言葉が本物なのかは実証なんかできないわけです。

　だから、二〇世紀の初めに出てきた弁証法神学以降の組織神学者（キリスト教理論の専門家）は、文献学を中心とする一九世紀の聖書学は補助学にすぎないということになって、ほとんど関心を払わなくなりました。聖書学と聖書神学は、まったく別の生態系から発展してきたんです。同志社大学の神学部なんか、東大で西洋古典をやったような人間が来ると、居づらくて仕方がないみたいですよ。

　いま本村さんがおっしゃったような史的イエス研究の人たちは、神学者ではなく宗教学者になっていくわけです。宗教学はまさに物理学と同じで、学問的に理性を信頼して学知によって徹底的に詰めていく。この流れは、無神論につながっていくんですよね。だから、神学とは仲が悪いんですよ（笑）。

実際、宗教学者が学問的にできるだけ正確なものを追求してつくった聖書って、誰も使いません。そのあたりは非常に曖昧で、学問的に正確ではなくても、だいたいのコンセンサスでいいと考える。いまも研究の進展によって改訂が繰り返されている「ネストレ・アーラント」よりも緩い「ユナイテッド・バイブル・ソサエティ」版から訳した日本聖書協会の聖書が、日本ではいちばん流通しています。結局、たくさん流通した版の勝ちなんですよ。

　われわれがやっている神学は、人間が神について云々するのではなく、神が人間について何を語っているかを虚心坦懐に捉えていくというアプローチを取ります。だから学問の枠には全然はまらないんですね。

本村　実証的な聖書学では、イエスらしい人物を信仰する人間たちがいたことまでは確定できるわけですよね。

佐藤　そうですね。一世紀に「イエスという男がメシアだと信じていた集団」はたしかに存在しました。でも、そこから先は何も確定できません。

海外で「土着化」する創価学会

本村　創価学会は世界宗教を目指してテキストを確定させているとのことでしたが、ほかにも宗教が世界に広がるために必要な条件はあると思いますか。

佐藤　外国に展開すれば世界宗教と呼べるかというと、そうではないと思うんですよ。たとえばアメリカには浄土真宗のお寺がいくつもありますが、これは基本的に日本から移民した人たちのためのものですから、世界宗教化したとは言えないでしょう。

したがって、世界宗教と呼べる存在になるには、それぞれの場所で土着化する必要があります。創価学会も、根っこは日本にあるけれど、外国では日本的なものから離れて土着化させているんです。

本村　アメリカならアメリカ的な創価学会になっていくということですか。

佐藤　そういうことです。たとえばインドネシアなら、ムスリム（イスラム教徒）はやめることができないので、ムスリムでありながら創価学会員でもあるという形を認めないと布教できません。ユダヤ教も基本的にやめられないから、ユダヤ教徒のまま創価学会員になってもらうわけです。

本村　そういう柔軟性がないと世界宗教にはなれないということですね。

佐藤　私はそう考えます。それがいいとか悪いとか言っていられませんから。ちなみにインドでは、底辺の教団ではなく、カースト制度の頂点にあるバラモンからどんどん布教しています。イタリアでは、カトリックを集中的に転宗させているんですよ。

本村　カトリックから創価学会に？　したたかにやっているんですね。

佐藤　日本国内ではあまり知られていませんけれどね。二〇二三年一月に、池田大作の名前でウクライナ停戦の声明文が出されました。

その中では、「ロシアは侵略国」とは一切言っていません。理由は単純で、創価学会のメンバーはロシアにもいるからです。もちろん、ウクライナにもいる。本当に世界宗教化していると、戦争当事国のどちらにも加担できないんですよ。

その意味では、ロシア正教もカトリックも「本当に世界宗教なのか？」と言いたくなります。ロシア正教は「これは聖戦だ」と言うわけだし、カトリックもウクライナのアゾフ連隊を応援して一方に肩入れしていますからね。ある意味では、創価学会のほうがよほど世界宗教らしい振る舞いをしているんです。

ただしキリスト教にはこういうときに便利な「目に見えない教会」という概念があるんですよ。キリスト教徒は、目に見える教会のメンバーであるのとは別に、イエス・キリストを頭とする目に見えない教会のメンバーだというわけです。だから、世界宗教としてのキリスト教は目に見えないところにしか存在しない、という話になっちゃう。

本村　僕なんか、ひたすら「南《な》無《む》阿《あ》弥《み》陀《だ》仏《ぶつ》」と唱えさえすれば許される浄土真宗みたいな宗教こそ、世界宗教になりやすいんじゃないかと単純に思ってしまうけれど、そういうものではないんですね。

「全員が罪人」というキリスト教におけるトリック

佐藤　これは中島岳志さんなんかの研究なんですが、かつての日本のように「すべて天皇陛下にお任せします、やりたいようになさってください」ということにしてしまうと、国家主義思想とつながりやすくなるそうです。だから、ある程度は信者を縛る規範性がないといけないんですよ。

本村　それこそ「情欲をいだいて女を見てはいけない」みたいな規範性があったほうが広がりやすいのかもしれませんね。誰もが規範を犯すわけだから、規範を守れない自分はどうすればいいのかという話になって当事者化する。

佐藤　女性を見て情欲を抱かない男性はいないわけですから、その規範があると、結局は「全員が罪人」ということになるんですよね。これはキリスト教におけるトリックのひとつです。宗教には、守れる程度の倫理観を持つ宗教と、絶対に守れないレベルの倫理規範を強要する宗教の二通りがあって、キリスト教は後者です。

本村　みんな原罪があるという話になるわけですよね。

佐藤　そうです。ユダヤ教はそこまで原罪を強調しません。身体性を非常に大事にするから、セックスに関してはおおらかですよね。

　ただ、ものすごく性欲に対して厳しいのは西のキリスト教の特徴なんですよ。プロテスタントもカトリックもその点はあまり変わりません。たぶん、マニ教徒だったアウグスティヌスの影響でしょうね。マニ教にしろ、グノーシス主義やネオ・プラトニズム（新プラトン主義）にしろ、表向きは克服されたことになっている古代の思想が、いくらでもキリスト教の中で生き残っています。

　東のキリスト教は、そのへんはかなりおおらかになりますけれどね。神父なんて、スケベの代表みたいなものだから（笑）。

本村　おおらかなほうが広がりやすそうな印象もありますけれどね。

佐藤　正教の場合は、聖書を一度も読んだことがなくてもかまいません。教会の儀式にさえ来てくれたら、みんな正教徒という姿勢です。そういう意味でも、日本の神道にすごく似た感じがしますね。
　戦前の国家神道は宗教じゃなくて臣民の慣習だったから、キリスト教徒でも創価学会員でも神札を受け取って神社に参拝しろということになっていました。同じように、仏教徒でもムスリムでも、ロシアに住んでいればみんな正教徒みたいな感じです。

本村　中世の初期なんて、文字を読める人はほとんどいないのに、みんなキリスト教徒になれたわけですよね。国王だって、ほとんど聖書を読めない人が多いんですよ。カール大帝なんか例外的に読めると言われたぐらいです。ステンドグラスが発達したのは、聖書を読めない人に神父さんが物語を説明するために使ったからでしょ。

佐藤　だから、正典を持つのが重要なのは、その教団におけるエリート層をちゃんと確保するためなんでしょうね。

本村　マックス・ウェーバーの『宗教社会学論集』の序論を読むと、やっぱりどんな宗教にもある種のエリート層がいて、その人たちが中核となって引っ張っていくのが、大きな宗教になるための条件だったようですね。仏教や儒教もそうですが。
　ユダヤ教の旧約聖書は紀元前五世紀ぐらいにはだいたい現在の形が整っていたわけですが、ヘブライ語で書かれていたから、そんなに誰でも読めるわけではなかったでしょう。

ほとんどはアラブ系の言語を使っていましたからね。

新約聖書だって、アラム語しか喋っていなかったイエスの言葉が広がったのは、ギリシャ語で書かれるようになったからです。

佐藤　東地中海全体で使われていた特殊なギリシャ語（コイネー）がありますからね。

本村　パウロはその特殊なギリシャ語ができる人だったので、どんどん聖書が翻訳されていきました。

最初に「正典」を編集した反ユダヤ主義者マルキオン

佐藤　そもそも最初期のキリスト教では、誰も聖書をつくる必要を感じなかったんですよね。だって、イエスは「すぐに戻ってくる」と言い残して天に昇ったわけだから、言葉を記録しておく必要はありません。みんな、自分たちが生きているあいだにイエスが復活して、この世の終わりが訪れると思っているわけです。

でも、なかなか終わりは来ない。だから三〇年ぐらい経つと、「先生がおっしゃってたことを書き残しておかなければいけない」と思うようになったんです。ただ、そのときはすでに複数の教団に分かれていて、それぞれ伝承が異なるんですね。

最初に「正典」という概念を打ち出してその編集を行ったのは、二世紀のローマで活躍したマルキオンという反ユダヤ主義者です。ユダヤ教の神はこの世の中のありとあらゆる悪いものをつくった悪の根源であって、キリスト教の神と違うというのがマルキオンの主張でした。だからユダヤ教の一部がキリスト教になっているというのは、認められない。それで独自の聖書をつくったわけです。これは、ルカ伝の一部とパウロ書簡の一部だけで構成したものでした。

　これを見てほかの教団の人たちはおったまげてしまったんですね。やはり正典化したテキストを持っているほうが強いので、このままではマルキオンに負けてしまう。

　それで二世紀以降、新約聖書の正典編集作業が推し進められたわけです。それまで出回っていたいろんな文書を集めてきて、さてどれを正典にすべきかという話になりました。最後まで収録するかどうかで議論になったのは、ヘブライ人への手紙やヨハネの黙示録ですね。

　しかし結局、それらを含めた二七巻を新約聖書としてまとめ、三九巻あるユダヤ教の教典を旧約聖書として合わせて、それをキリスト教の正典とするようになりました。ただしこれがまたややこしくて、旧約聖書の巻数は立場によって違うんですね。現存する最古の旧約聖書の翻訳のひとつとされる『セプトゥアギンタ（七十人訳聖書）』は三九ではなく、五〇もしくは五一。プロテスタントは三九だけれど、カトリックは外典の扱い方が違うから、カトリックの聖書のほうが厚いんです。正教も外典を認めるので厚い聖書を使います。ただし、巻の配置がカトリックともプロテスタントとも異なります。

　いずれにしろ、現行の聖書は、異端に対する防衛的な動機で「とりあえずこれでいいよね」と暫定的《ざんていてき》にまとめられたものだから、全体的には整合性がありません。その後、一冊の福音書にまとめる試みが何度もありましたが、一度も成功していないんです。

本村　『セプトゥアギンタ』は少し前に翻訳が出たのをちょっと見ましたけれど、まったく整合性がないですよね。それぞれの訳者が自分なりに書いているというだけ。

佐藤　そうです、だから重複もありますしね。でも、整理されていないことが重要なんですよ。霊感によって書かれているものだから、整理してはいけない。重複がないように整理した文章を書くというのは、近代的な散文法が成立した後の発想ですからね。

タクシー領収書と首脳会談の「メーデン・アガン」

本村　そうそう、ちょっと話は違いますが、ポンペイの円形競技場はまだ原型が残っているから階段の数がだいたいわかるんだけれど、古代の絵を見ると数が違うんですよ。
　それで美術史の人たちに理由を聞いたら、「古代の連中に階段の数を正確に描く気持ちがあるわけないじゃないか」と言っていました。なるほど、と思いましたね。『セプトゥアギンタ』も、訳す人によっては自分の主観を入れたりしているから、何が正しいのかよくわからない。

佐藤　中世の地図も、自分たちの主観的なイメージで図案化しているから、地球の中心にエルサレムがデカデカと描かれたりしていますよね。その下には地獄があったりするので、そうした地図を見てもどこにも行けない（笑）。そういう中世に比べたら、むしろ古代のほうが現代人にも理解可能なところが多いでしょう。

本村　たしかに、階段の段数は違っても、どの階段を描いたのかはわかりますからね。中世よりも、人間の素朴な感覚にしたがっていたのかもしれません。そもそも、物事をいちいち正確にやるのは不自然なことかもしれないですよね（笑）。日本人なんか電車が一分遅れても文句を言うけれど、じつは異常なことかもしれない。

佐藤　経理だって、細かいところまで詰めていると、ろくなことになりませんからね。たとえば仕事先との会食で領収書をもらい忘れたら、代わりにプライベートな食事の領収書で精算して辻褄を合わせたりするじゃないですか。それで丸くおさまっているのに、ゴリゴリに詰めたらそういうことができなくなるわけですよ。

本村　そこはいちいち詰めないのが、知恵というものですよね。

佐藤　そういう知恵を感じさせるのが、タクシーの領収書なんです。あれは、利用した時刻を書いていない。これは大変優れた知恵ですね。時刻が書いてあったら、いつどこを移動したのかが明らかになるので、タクシーを使いにくくなるでしょ。

　もちろん警察が照会に来たら教えるでしょうけれど、そうでもないかぎり、利用した時間は自己申告に委ねられるわけです。簡単に詰められないものを残しておくのは、人間の叡智ですよ（笑）。

本村　やはり「メーデン・アガン」、物事はほどほどがいいですよね。

佐藤　外交交渉でも、そういう知恵があります。たとえば習近平《しゅうきんぺい》・プーチン会談やゼレンスキー・岸田会談のような首脳同士の話し合いは、双方の通訳を入れるだけで、録音をしません。北朝鮮などは録音しているかもしれないけれど、それを後で証拠として使うことはできない。失言や誤解などのトラブルがあったときに「通訳のミス」と言い逃れることができるようにするためです。そういう余地を残すために、あえて詰めないんですね。

外交交渉だけではありません。国会の議事録だって、実態とは違いますからね。後から「あれは言わなかったことにしてくれ」と求められたら、消しちゃうこともあります。

パウロがいなければ世界宗教になっていない

本村　防衛的につくった聖書があったからこそキリスト教は世界宗教になったわけですが、同じようにテキストのあるユダヤ教は違いますよね。

マックス・ウェーバーは、ためらいながらもユダヤ教を儒教、ヒンドゥー教、仏教、キリスト教、イスラム教と並ぶ六番目の世界宗教に位置づけていますが、やはり実際には民族宗教であって世界宗教ではないでしょう。

佐藤　ユダヤ人は世界中に広がっているので、世界宗教のような印象を与えますが、そうではありませんね。だって、入りたくても簡単には入れてくれませんから。ヘブライ語で書かれたトーラー（モーセ五書とその注釈を含めたユダヤ教の教え）を全部ちゃんと勉強して、ラビに認めてもらわないとユダヤ教徒にはなれません。

しかも、スファラディ系とアシュケナージ系という二大勢力の両方のラビがメンバーとして認めなければいけない。さらに、男性は麻酔なしで割礼《かつれい》をする必要があります。あれ

マックス・ウェーバーが定義した六つの世界宗教

<table>
<tr><th></th><th>宗教名</th><th>信者数（人）</th><th>教典</th><th>神のあり方</th><th>聖地</th></tr>
<tr><td rowspan="3">三大世界宗教</td><td>キリスト教</td><td>約24億</td><td>旧約聖書、新約聖書</td><td>一神教。父・子・聖霊の三位一体</td><td>エルサレム、ローマ、サンティアゴ・デ・コンポステーラ</td></tr>
<tr><td>イスラム教</td><td>約19億</td><td>コーラン</td><td>一神教。アッラー</td><td>メッカ、メディナ、エルサレム</td></tr>
<tr><td>仏教</td><td>約5億</td><td>般若教、法華経など多数</td><td>多神教。釈迦如来、大日如来など多数</td><td>ルンビニ、ブッダガヤ、サールナート、クシナガラ</td></tr>
<tr><td></td><td>儒教</td><td>※約3億9000万</td><td>四書五経など多数</td><td>多神教。祖霊、地神など。（絶対的存在としての神はなし）</td><td>孔子故里（中国山東半島の曲阜市）</td></tr>
<tr><td></td><td>ヒンドゥー教</td><td>約12億</td><td>リグ・ヴェーダ、マヌ法典など多数</td><td>多神教。シヴァ神、ヴィシュヌ神など多数。</td><td>ヴァラナシ</td></tr>
<tr><td></td><td>ユダヤ教</td><td>約1470万</td><td>旧約聖書</td><td>一神教。ヤハウェ</td><td>エルサレム</td></tr>
</table>

信者数は出典：Pew Research Center「Religious Composition by Country, 2010-2050」2020

※儒教の信者数は道教など中国文化に根ざした他の宗教を含む

は痛いそうですよ。

本村　いろんな意味でハードルが高いな（笑）。テキストがあれば世界宗教になるわけではないし、あらゆる宗教が世界宗教になろうとしているわけでもないということですよね。

佐藤　キリスト教も、イエスは自分のことをあくまでもユダヤ教徒だと考えていましたから、そのままでは世界宗教にならなかったでしょう。位相の違うキリスト教をつくりあげる上で決定的に重要な存在は、やはり自称「使徒」であるパウロですよ。

本来、「使徒」とはイエスの直弟子のことですが、パウロはイエスに会っていません。しかし使徒を自称して、宣教を始めた。その後、パウロ派とほかのグループがエルサレムの宗教会議で大論争をして棲み分けたわけですよね。

でも結局、勝利して今日まで生き残っているキリスト教はすべてパウロ派。パウロがいなければ、世界宗教にはなっていないかもしれません。

本村　パウロはギリシャ語が使えた上に、ローマ市民権を持っていました。だから、どこに行っても正当な裁判にかけてもらえるんですね。市民権を持っていないと適当に扱われるので、宣教をする上で強みになったと思います。

佐藤　ずるっこい人だから、「ローマ市民である俺にこんな対応とってもいいのか」などという態度を示すことがありました。ギリシャ古典にも通暁しているので、「知られざる神について教えてやる」と上から目線で語ったりもしたでしょう。自称・他称を含めた使徒の中でも、ストア派の人たちと議論できるだけの学識がある数少ない人材ですから。たぶん、ペトロが同じことをしようとしても無理でした。

本村　それは無理でしょうね。ペトロさんは、どれくらいギリシャ語ができたんでしょう？

佐藤　ほとんどできないと思いますね。しかもおっちょこちょいですからね（笑）。

「教え」よりも「実利」が求められる

本村　ところで、世界宗教になったキリスト教が、日本ではあまり定着しなかったのはどうしてなんでしょうね。日本のキリスト教徒は、一％以上にはなりません。

佐藤　一％という数字は最大限に見積もった場合の公称でしょう。実際は三〇万人ぐらいだと思いますよ。

　そのうちの一五万人ぐらいは、プロテスタント系の日本基督教団で、カトリックは七万～八万人でしょうか。そんなにいないかもしれませんが。残りの数万人は各派に分散しているという感じだと思いますね。

本村　江戸時代の初期には、実際にどれぐらいの数になったのかは別にしても、隠れキリシタンという存在があったぐらい受け入れられたわけですよね。しかし近代になってからはそれが拡大しない。さまざまな形で西洋文明や欧米の文化は広く受け入れているのに、キリスト教は定着しませんね。

佐藤　キリスト教の信者になっても儲からないからでしょう。教会に行ったって、生活を助けてくれるわけでもありませんからね。実利がないどころか、けっこう金をむしりとられますよ。しょっちゅう献金をしなきゃいけません。

本村　とはいえ、教会が儲かっているわけでもないでしょうしね。

佐藤　牧師に高校教師レベルの金を払える教会なんか、ほとんどありませんよ。金持ちの信者が増えればいいけれど、「来る者は拒まず」とばかりに年金生活者や学生ばかり受け入れていたら、儲かるわけがない。

それに、キリスト教の教会は葬式を取れていないですからね。葬式を取って、「しょっちゅう法事に行かないと先祖の祟りがある」という形にしないと、金にはなりません。結婚式は、ふつう一生に一度しかやりませんし。本村さんや私みたいに多い人でも、せいぜい三回でしょ（笑）。

本村　結婚は三回したけれど、式は一回しか挙げてませんよ（笑）。

佐藤　失礼しました（笑）。私は二回結婚しましたが、式は一回だけです。とにかくキリスト教は儲からないし、儲からないと日本では広がりません。立正佼成会にしても、崇教真光にしても、創価学会にしても、お金が回るシステムをきちんとつくっています。それなりのご利益がなければ、宗教なんて伸びないに決まっています。本来は実利をはるかに超える魂の救済があるんですが、その魂を信じていない人にはリアリティがない。

本村　それぞれの宗教のエリート層にとっては教典が大事だけれど、一般の信者にはあまり関係がありませんものね。

佐藤　「実利」は具体的なご利益だけではなく、「居心地の良さ」も含まれます。教会の居心地が良ければ、信者は増えるんですよ。でも「教え」の中身なんて、ほとんど関係ありませんね。

　だって、日本のキリスト教徒のほとんどが「家の宗教」だと思いますよ。父親や母親がキリスト教徒だから、キリスト教徒になる。家とは関係なく新たにキリスト教徒になる人間なんて、ほとんどいないでしょう。それはキリスト教にかぎった話じゃありません。創価学会も立正佼成会も、みんな「家の宗教」じゃないですか。

「感化」の重要性を説いた神学者フリードリヒ・ゴーガルテン

本村　前に名前を出した弓削先生の一橋大学の同級生に、東ローマ帝国史がご専門の渡辺《わたなべ》金一《きんいち》という先生がいまして。

佐藤　はいはい、『ビザンツ帝国の都市と農村　～4～12世紀』（ビグレフスカヤ他／創文社）の翻訳もされていますよね。

本村　その渡辺先生を、弓削先生は若い頃から「キリスト教徒になれよ」と誘っていたそうです。すぐにはならなかったんですが、渡辺先生は七〇歳を過ぎてから洗礼を受けたというんですね。「東」がご専門だからロシア正教会かなと思いきや、ちゃんとプロテスタントの教会に入りました。

　弓削先生のお葬式でお目にかかってお話をうかがったんですが、「僕は弓削君から言われて洗礼を受けたんだけれど、なんとなくやっぱりプロテスタントが落ち着くんだよ」とおっしゃっていたのが印象的でしたね。

佐藤　結局のところ、宗教は誰かに「感化」されて入るものなのだと思います。教義が正しいと考えて入るわけではない。もちろん実利を求めて入る人もいますが、そういう人は実利がなくなると消えていきますよね。

さっき名前の出たペトロが、イエスに「私は最後まであなたについていきます」と言ったとき、イエスは「そうかな」と答えるんですね。そして「おまえは今夜、ニワトリが二回鳴くまでに私のことを三回否定するよ」とペトロに言う。そうしたら本当にそのとおりになって、ペトロはさめざめと泣きました。みんな逃げてしまって、最後にイエスが死ぬ場所についていくのは女性だけだったんですよね。

ところが、人間の罪の犠牲となって死んでいくイエスを見て、さらに復活したイエスと出会った後は、みんな殉教も恐れない人間になった。これは何だったのかといえば、やはり「感化」なんですよ。決断じゃないんです。

戦前に『我は三一の神を信ず　～信仰と歴史に関する一つの研究』（坂田徳男訳）という本を書いたフリードリヒ・ゴーガルテンという神学者がいます。すごく頭のいい人で、バルトと一緒に『時の間』という雑誌をつくったりしたんですが、ナチスを神学的に正当化した人なので、戦後はしばらくのあいだ、追放され、その本もタブー視されていました。でもとても良い本なので、蘇らせてくれと私が言って、新教出版社から少部数で覆刻《ふっこく》版を出したんですよ。

そのゴーガルテンが、初期の作品の中でこんなことを語っています。神格とは決断ではない、人間の決断なんて弱いもので、グラグラと揺らいでしまう。しかし、ある人間の生き方から感化を受けると、それはもう変わらない——。これはじつに鋭い洞察です。

私の場合も、二〇世紀の激動期にナチズムとマルクス主義の狭間を生き抜いたチェコのフロマートカという神学者が面白くて、その人の感化を受けています。あるいは同志社大学の先生方や友人たち、いま牧師を務めている仲間などを見ていると、「こういう生き方はいいな」と感化されることがたくさんあるんですね。そういう感覚が、宗教における居心地の良さにもつながるわけです。

本村 そうだとすると、日本でキリスト教が広がらないのは、多くの人を感化させるようなエリート層があまり育っていないからかもしれませんね。身近に尊敬できるキリスト教徒がいなければ、これまでまったくキリスト教に触れてこなかった人物がわざわざ入ろうとは思わないのかもしれません。

佐藤 実態としてはまったくエリートではないのに、意識だけはエリート層というキリスト教徒が多いでしょうね。絵に描いたような中産階級みたいな感じで、積極的に悪いことはしないけれど、とくにいいこともしない。でも、日本におけるキリスト教徒の平均的なあり方は、こんなものなんだろうと思いますよ。

キリスト教からは危険な新宗教も派生する

本村 先ほどのお話だと、人口的にはカトリックはプロテスタントの半分程度しかいないんですね。

佐藤 でも長崎ではカトリックが広がっていますからね。県民の四％ぐらいがカトリックでしょうから、長崎においてはまったく無視できない存在です。カトリックはまじない的なものがくっついているので、それがうまくいくと長崎のように土着化するんですよ。

一方のプロテスタントは、基本的に佐幕派なんです。薩摩と長州が嫌い。明治維新のときに、戊辰戦争で佐幕派だった人たちは、たとえ能力があっても官僚や軍人として出世できなかったんですよね。でも、教育と宗教ではそういう人たちが活躍できた。だから必然的に、そのメンタリティは反薩長になるわけです。

かつてほとんどのプロテスタントの人たちが安倍政権に拒否反応を示していたのも、彼らの中に長州嫌いのメンタリティがあるからですよ。靖国神社のことになるとみんな目をむいて怒るのも、あれが元は奇兵隊士の霊を弔うために高杉晋作が発議した長州の神社だからです。

佐幕派的な点で言えば、儒教的なリゴリズム（禁欲的な厳格主義）は、プロテスタントの教会のイヤなところのひとつでしょう。もうひとつは、そのリゴリズムを支える厳しい親分―子分関係。キリスト教思想家の内村鑑三のような無教会主義でも、親分と子分の関係には厳しいですからね。そこには明らかに儒教の影響も見て取れます。

本村　そういう意味では、土着化まではしなくとも、日本文化の影響はあるわけですね。

佐藤　明らかにあります。工業化に関しては、危険な新宗教も派生します。ネットフリックスに、『すべては神のために：裏切られた信仰』という八部作のドキュメンタリーシリーズがありますが、それを見ると、「摂理《せつり》」や「五大洋《オデヤン》」という韓国で生まれたキリスト教系新宗教の恐ろしさがよくわかりますよ。

本村　いわゆるカルト教団ですか。

佐藤　そうです。「摂理」は教祖が女性信者に性的暴行を繰り返しているとされていますし、「五大洋」は一九八七年に集団自殺事件を起こしました。いずれも極端な例ではありますが、キリスト教が危ない方向に行ったときは、旧統一教会なんか目じゃありません。

キリスト教には、恐ろしい面があるんです。根っこが恐ろしくなければ、そういうものは派生してきませんから。

でも、たとえば「エホバの証人」はいま非常に評判が悪いわけですが、あの教団はかつて命がけでナチスと戦いました。最後まで戦い切った数少ない宗教団体のひとつです。エホバの証人はヒトラーに対して絶対に頭を下げなかったものだから、強制収容所で殺された信者が大勢いるんですよ。

本村　それはあまり知られていない歴史ですね。宗教の持つ危うさと強さは、表裏一体なのかもしれません。

第三部

〝一神教なるもの〟の危うさ

――その排他性と残虐性

不自然な一神教

本村　マックス・ウェーバーは六つの宗教を「世界宗教」と呼びましたが、いまわれわれが世界宗教の代表として認識するのは、やはりキリスト教とイスラム教でしょう。ユダヤ人の持つ影響力の大きさという点では、ユダヤ教も目立ちます。そのため、世界でも日本でも、いわゆる「一神教」が宗教の当たり前の形だと思われているような気がするんですよ。

しかし歴史を振り返ってみると、一神教は人間にとって非常に不自然な信仰のあり方だと思います。ギリシャやローマはもともと多神教の世界でしたし、日本も「八百万の神」ですからね。

ちなみにユダヤ人のジグムント・フロイトも、なぜ唯一神《ゆいいっしん》への信仰が現れたのかを考え、『モーセと一神教』という本を書きました。フロイトはその中で、エジプトからイスラエルの民を脱出させたモーセはエジプト人だったのではないかという大胆な仮説を立てています。多神教のエジプトで宗教改革を断行し、アテンという唯一神への信仰を打ち出したアクエンアテン王の影響をモーセが受けているというわけですね。

その仮説の正否はともかくとして、フロイトが「なぜ」という疑問を抱くほど、一神教は不自然だということです。

佐藤　それは完全に賛成します。一神教は明らかに不自然です。

本村　もちろん、多神教社会だったギリシャやローマでも、それぞれの人が「これが自分の守護神だ」と考えて特定の神を崇めることはあったでしょう。その人自身にとっては、ある意味で「一神教」が成り立っているわけです。

しかしその場合でも、ほかの人が自分とは別の神々を守護神としていることを非難したりはしません。そういう多神教世界に出現したキリスト教の特殊性は、先述したとおり、自分たちの唯一神以外の神々を否定したことでした。だからキリスト教が出てきた当初は、ローマ人たちが「あいつらは無神論者だ」と批判したわけです。現代の常識では考えられない物言いですけれど（笑）。

佐藤　自分たちの神々を「そんなものは存在しない」と否定されたローマ人から見れば、そういうことになりますよね。

本村　そうなんです。だからローマ史の文脈で見ると、キリスト教が迫害されたのは当然だろうと思いますね。神々を否定することは、彼らには考えられないわけです。

佐藤　自明の存在ですからね。

本村　だから、古代の人々にとって神々の存在は証明する必要がないんです。一方、キリスト教の神学では、神の存在を証明することが最大のテーマになったわけですよね。

佐藤　まさに一神教は不自然だからこそ、さまざまな知的操作が必要になっちゃうんですよ。不自然じゃないものに知的操作はいりません。

たとえば夫のポケットの中から飲み屋のレシートが出てきたとき、妻が「ああ、あそこに行ったのね」と自然に感じる店なら言い訳は不要ですが、「何よこの店」と不自然さを感じる店だと、あれこれと言い訳して辻褄を合わせなければなりません（笑）。不自然なものを説明しようとすると、理屈が発展するんです。

キリスト教も、なぜ唯一の神がいるのか、そしてなぜそれを信じないといけないのかということについて、いろいろ言い訳しないといけません。だからこそ神学が大いに発展したのだと思います。

本村　本当に全能の唯一神が存在するのかどうかという問題は、中世の神学における最大のポイントでした。アウグスティヌスから始まって、アンセルムスやトマス・アクィナスといった神学者たちが議論する中で、最終的には神の存在を疑う必要はないという考え方にまとめられていったわけです。

いずれにしろ、そこが多神教と一神教の大きな違いのひとつですよね。一神教は神の存在を証明しなければいけないのに対して、多神教の世界ではそれを問う必要がないんです。

「スコラ学の父」アンセルムスの『神はなぜ人となったか』

佐藤 そこでひとつ、キリスト教の特殊性として留保しておくべきことがあります。果たしてキリスト教は「一神教」といっていいのかという問題があるんですね。

アラーやヤハウェを唯一神とするイスラム教やユダヤ教とは違って、キリスト教の場合は少なくとも「唯一神教」ではありません。いわゆる「三位《さんみ》一体《いったい》（三一《さんいつ》）」論を採用しているので、父・子・聖霊という関係になっています。

だからムスリムなんかは、じつはキリスト教を「三神教」だと考えているんですよ。そのためコーランの中では、「決して三と唱えるのではないぞ」といった警告が何度もなされています。

この問題でポイントになるのは、イエスは「真の神」であり「真の人」だというところですね。コンスタンティヌスが受け入れたキリスト教は神の唯一絶対性を強調するアリウス派だから、イエスはより人間に近くて、神の要素が低いんです。

本村　アタナシウスをはじめとする三位一体論者は、三二五年のニカイア公会議でそのアリウス主義を排斥したわけですよね。イエスの神性を否定していたアリウス派が異端とされたので、イエスと神が同質とするアタナシウス派が正統とされた。

佐藤　いわゆる正統派のキリスト教では、イエスは完璧な神であり、完璧な人間だということになりました。それはどういうことかというと、人間と神をつなぐ媒介項が必要だということです。

　われわれ罪のある人間が救われるためには、神に同じ地平まで降りてきてもらわないといけない。そこで媒介してくれるのがイエスというわけです。

　こうなると、唯一神の言葉を預言者から聞いていればいいというユダヤ教やイスラム教とは違う感覚になっちゃうんですよ。人間のほうから神に上がっていけるという回路ができてくる。その意味で、キリスト教というのは非常に難しいんです。

本村　一一～一二世紀の「スコラ学の父」アンセルムスも、『神はなぜ人となったか（クール・デウス・ホモ）』という論争的な本を書いていますよね。それが彼らにとって、大きなテーマだったのでしょう。

『神を哲学した中世　～ヨーロッパ精神の源流』（八木雄二／新潮選書）という本によると、中世において「哲学」は「神学」の形をとったといいます。キリスト教信仰と古代ギリシャ哲学の出会いによって「神についての学問」が生まれ、それがヨーロッパ精神の源流となったというわけですが、その論争では「普遍的なものは存在するのか」ということが大きなテーマとなりました。

佐藤　たとえば「果物」という普遍的なものが存在すると考えるのか、実際は「果物」という普遍的なものはなく、イチゴ、リンゴ、ミカンといったものがそれぞれ個別に存在しているだけなのか、といった話ですよね。

後者の場合、「果物」というのは頭の中で考えているだけのものだとするわけです。「愛」や「信頼」なども、普遍的なものとして存在するのか、それとも個別的な人間関係があるだけなのか。

本村　それが中世の哲学で大きな問題になったのは、普遍的な存在を認めないと神の存在が証明できなくなってしまうからです。そうじゃないと、神が実在としてあるという形でしか語れなくなってしまう。

佐藤　初期の頃は、こういう議論になっていました。神はもっとも偉大である。偉大なものはあらゆる概念を含んでいるから、「ある」という概念も含んでいる。だから神はある――というわけです。

ところが、次の人がこう反問する。「ならば偉大なアトランティスはあるのか」と。偉大なものがあらゆる概念を含むなら、偉大なアトランティスもあるはずだ。しかしアトランティスは存在しないじゃないか――こういう議論になってくるんです。このあたりのことは、淡野安太郎さんの『哲学思想史』の中世編にすごくわかりやすく書いてありますね。

神々の沈黙

本村　きわめて不自然なものであるにもかかわらず、一神教が世界宗教と呼ばれるほど広まったのは、じつに興味深いことだと思います。僕は『多神教と一神教　～古代地中海世界の宗教ドラマ』（岩波新書）という自著の中で、一神教が発生した経緯についてある仮説を示しました。

佐藤　もちろん拝読しました。このテーマの入門書としては、あれがいちばん良いと思います。ローマのお風呂の話から始まるという意外性も含めて、とても面白いですね。

本村　ありがとうございます。宗教学や神学では教義論をベースに多神教と一神教を論じますが、僕はやはり歴史学的な興味から考察しました。なぜ民衆は神々の世界に憧れ、唯一神という不自然なものを受け入れたりするのか。いわば「ふつうの人々」の感覚を意識しながら書いたんですね。

その中で、重要な示唆を与えるものとして注目したのが、動物行動学者で認知心理学者でもあるジュリアン・ジェインズの『神々の沈黙　～意識の誕生と文明の興亡』（柴田裕之訳／紀伊國屋書店）という本です。原題は『二分心の衰退における意識の起源』。

ジェインズはこの本で、「遠い昔、人間の心は、命令を下す『神』と呼ばれる部分と、それに従う『人間』と呼ばれる部分に二分されていた」というビックリするような仮説を示しました。いまから三〇〇〇年前の紀元前一〇〇〇年ぐらいまでは、みんな神々の声が聞こえていたというわけです。

すごい話なんですが、毎日新聞でこの本の書評をした養老孟司さんに「この仮説はどうなんでしょうか」と聞いたら、脳生理学者の立場からは「あり得る」と言うんですね。もしそうだとすると、これは宗教を考える上で大きなファクターになるでしょう。その「二分心」が失われて、人々が神々の声を聞けなくなったとしたら、宗教のあり方も変わるはずなんです。

佐藤　私も、そういうことは十分にあり得ると思いますね。中世ぐらいまでは、たとえば動物と人間のあいだにもコミュニケーションが成立していたかもしれません。

いまの同志社大学の学長を務めておられる植木《うえき》朝子《ともこ》さんは「梁塵秘抄《りょうじんひしょう》」の研究家なんですが、中世の虫について書いた論文もあるんです。それを読むと、やはり当時の人は虫とコミュニケーションが取れていた感じですよね。

だとすると、人間がコミュニケーションを取れる範囲は、時代を経るごとにどんどん狭くなっているのかもしれません。ですから、それまで聞こえていた神々の声がある段階で聞こえなくなった可能性はあるでしょう。

本村　そうなんですよ。どんどん左脳人間化が進んで、右脳の能力が衰えているという見方もできますよね。一般的に左脳は論理的思考を、右脳は感覚的思考を司ると言われています。僕は自分の本で、神々の声が聞こえなくなる過程とアルファベットが普及していく過程が、同じような時期に同じような地域で起きていることに注目しました。

たとえば統合失調症の人は頭の中で「声」が聞こえるといいますが、考えていることを文字で書かせると、その「声」が聞こえなくなるそうです。それと同じように、アルファベットの普及で多くの人が「書く」という行為を始めたことで、それまでは聞こえていた神々の声が聞こえなくなったのではないかと思うんですよね。

佐藤 たしかに「書く」と「聞く」には何か関係があるのかもしれません。同じ話を聞く場合でも、メモや録音などを禁じられているときのほうが、記憶としては鮮明に残りますからね。

本村 ソクラテスが文字の導入に激しく反対したのも、そういうことでしょう。当時はまだギリシャに文字が広まり始めたぐらいの段階ですが、文字を導入すると自分の頭の中から絞り出すような本物の知識ではなくなってしまう、というわけです。

だからソクラテス自身は、最後まで何も書き残していません。プラトンが書き残してくれたから、その言葉がいまでも残っているわけです。

そういうわけですから、古代の人々にとって「文字」の普及がきわめて大きなインパクトを持っていたのは、間違いないと思います。だとすれば、誰でも読み書きが可能になるアルファベットの普及によって、神々の声が聞こえなくなったとしても不思議ではありません。

でも、だからといって神そのものが不要になるわけではない。神による命令や救いがなければ、人間は苦難に耐えることができません。

すると、かつては直接「声」を聞けた身近な神ではなく、人間の手の届かない超越的な存在としての神を求めるようになる。それがユダヤ教のような一神教の登場を促したのではないかと思うんです。

佐藤　非常に説得力のある仮説だと思います。

「多神教は寛容で、一神教は非寛容」という誤解

本村　そういえば、『多神教と一神教』を出したときに意外だったのは、読んだ人から「本村さんはキリスト教徒ですか？」と言われたことでした。なぜかそう思わせるところがあったらしくて。

佐藤　なるほど。でも、たとえば『ローマ人の物語』（新潮社）の塩野《しおの》七生《ななみ》さんと比較したら、そう思わせる部分があります。塩野史観では、キリスト教を導入して以降のローマはどんどん偏狭になっていきますからね。「多神教は寛容で、一神教は非寛容」だというメッセージを強く押し出しています。

本村　たしかに、ローマがキリスト教を導入してから変わった面はなくはないでしょうけれどね。ただ、キリスト教が一神教だから暴力的だとは僕は思いません。

佐藤　塩野史観にかぎらず、世間では「一神教は多神教よりも非寛容」だと思い込んでいる人が多いですよね。でも、たとえばミャンマーでベンガル系ムスリムのロヒンギャを迫害しているのは仏教徒です。あるいはスリランカでタミル人と内戦をやっているシンハラ人も大半が仏教徒でしょう。たった二例を挙げるだけで、「多神教は寛容」説に反証できてしまいます。

　そもそも「八百万の神」の大日本帝国だって、八百万の頂点にいる天照大神《あまてらすおおみかみ》を祖先神とした現人神《あらひとがみ》の天皇のもとでかなり乱暴だったわけですよ。それを脇に置いて日本人が「多神教は寛容だ」などと言うのは、議論のレベルが低すぎます。

本村　まあ、居酒屋談義のレベルですよね。多数の神々だから寛容で唯一の神だから非寛容だというのは、非常にわかりやすいレベルの反応だと思います。

　結局、唯一の神であっても、キリスト教の神は本来ならば無私の神であって、許すことのできる神ですよね。自分の行ったことを懺悔するというのは、人間が過ちを犯しやすいことを認めているわけです。許しの場所を設けるというのは、非常に寛容であるように思われます。逆に、ユダヤ教の神は非常に厳格な神であり、罰することを当然とする。

佐藤　逆に、一神教であるがゆえの寛容さというのもあるわけです。というのも、一神教の信者は基本的に「神と自分」の関係にしか関心がないからなんですね。だから他人に対しては「無関心」という意味で寛容になり得るんです。家庭でも、妻が夫への関心をなくしていたら、何をやっても文句をつけられないでしょ（笑）。

　ですからエルサレムも、昔はロシア正教やヤコブ派（シリア正教会）を含めていろんな宗派が入ってきても、隣人が何を信仰しているか誰も知らないし、関心もなかったんですよ。これは、一神教であるがゆえの無関心です。

本村　それこそ表札に名前のないマンションみたいな感じですね（笑）。どこに誰が住んでいてどんな生活をおくっているのかわからない。だから争いが起こりようもない。

佐藤　そうなんです。あそこで宗教をめぐるドンパチが始まったのは、イスラエル建国の頃からですものね。それは「一神教同士の対立」というより、ナショナリズムの問題なんですよ。

　ですから結局のところ、戦争は人間が群れをつくる動物だから起きるのだと思います。群れをつくるから、縄張り争いが生じてしまうんですよ。

本村　それは人間の本性でしょうね。

佐藤　たぶん、人間だけではありませんよ。わが家では以前、ダボハゼ（アカオビシマハゼ）とヤドカリを一緒に飼っていたんです。ダボハゼは最初のうちメダカぐらいの大きさだったので、油断していました。それが五センチぐらいまで育ったら、ある日ヤドカリが全滅していたんですよ。ダボハゼがヤドカリを食べてしまった。だから水槽を二つに分けました。

その後、こんどはイソガニを取ってきたんですね。同じ水槽に二匹入れておいたら、カニたちも殺し合いを始めた。

本村　イソガニ同士で？　餌が足りないわけではないでしょうに。

佐藤　餌をめぐる争いではなく、本能的なものなんです。三〇センチぐらいの水槽だと殺し合いを始めちゃうので、イソガニは複数飼いが難しいんですよ。だからこちらも水槽を分けましたが、それを見ているとイソガニも人間も基本的に同じだと思いますね。

ですから、戦争を宗教と結びつけて読み解くというアプローチ自体が妥当なのかどうかも、よく考えないといけません。たしかに宗教が戦争や暴力を加速させることはあるでしょうが、それは皮相的な話にすぎないかもしれないわけです。

本村　前におっしゃったように、宗教は「大義」の説明をショートカットできますしね。もともと本能的に人が戦争状態にあったとしても、人には理性があるから戦争を行うには理由付けが必要になる。その理由付けを宗教はすべて満たしてくれる。

ナチズムとファシズムは違う

佐藤　ウンベルト・エーコが晩年に書いた『永遠のファシズム』（和田忠彦訳／岩波書店）という本がありますが、戦争を考える上でこれは非常に示唆に富んでいると思っています。

それによると、ファシズムの起源は「人間が群れをつくる動物だから」という生物学的な問題だったというんですね。「あいつらはトカゲを食う」「こいつらはニンニクを食う」、だからわれわれと違うんだ——ということで、それを排除し始める。群れをつくる動物には原初的にファシズムの原型が備わっているから、常に反ファッショ教育を行うなど脱構築の努力をしなければいけない、というわけです。

さすがファシズムが生まれた国の知識人だと思いますね。戦争も、そういう人間の本性から説明するほうが納得できるんじゃないでしょうか。

本村　佐藤さんは以前どこかで「ナチズムとファシズムは違う」とお書きになっていましたが、そこを区別できていない人は多いですよね。

佐藤　ナチズムは非常に特殊で荒唐無稽なケースですからね。そこには、ドイツの特殊性と「血と土」の神話と「ドイツは痛めつけられてきた」という意識が共有されていた。

本村　一方のファシズムは、より普遍的に人間の本性に組み込まれている。

佐藤　「パレート最適」などで知られるイタリアのヴィルフレド・パレートなんか、戦前・戦中の時点では「ファシズムの経済学者」と紹介されていましたからね。パレート自身、ムッソリーニと仲が良かったんです。スイスのローザンヌ大学には「ファッショ・インターナショナル」があって、ファシズムの国際運動をやっていました。

子どもの発達モデルに基づいたモンテッソーリ教育を考案したマリア・モンテッソーリもファシズムの流れで理解されています。彼女のこともムッソリーニは評価していました。ムッソリーニにとっては、イタリアのために努力している人が立派なイタリア人なんですよ。そこに男も女も関係ない。また、人間には能力差があるから、障害者がいることも当然の前提になっている。モンテッソーリ教育は、日本では英才教育として受け入れられているけれど、あれはもともとは障害児教育なんです。

そういうことを含めて考えると、ファシズムはまだ潜在力を使えていないから、今後また蘇ってくる可能性があるんですよ。ナチズムは潜在力を十分に使ったと思う。あれはもう、今後はなかなか出てこないでしょう。

本村　ファシズムの語源である「ファッショ」は、もともとローマ人の高官が出歩くときに棒の上につける飾りのことなんですね。イタリア語で「束」や、そこから転じて「集団」を意味する言葉でもあります。

佐藤　そこに人々が集まってくるわけですからね。「束ねる」という役割があった。ムッソリーニは、古代ローマのイメージを最大限に使いましたよね。

本村　そうです。コロッセオの横にとても大きな通りをつくったりね。あと、現在のローマの近くに古代文明の博物館があるんだけれど、そこに二〇メートル四方ぐらいの古代ローマのジオラマがあるんですよ。それもムッソリーニの時代につくられました。

佐藤　それも国民を「束ねる」ためでしょう。いずれにしろ、人間が群れをつくる動物である以上、ナショナリズムやファシズムの台頭は避けるのが難しい。だから戦争も起きてしまうわけです。

戦争を加速させる「殉教」の問題

本村　ただ、その戦争を宗教が加速、過熱させる側面はあるわけですよね。「神のためなら命を投げ出せる」となると、激しい戦闘も厭わなくなるでしょう。

ローマでは、キリスト教がだんだん頑なになっていくにつれて、「殉教」という考え方が出てきました。いちばん初期の例として有名なのは、カルタゴのペルペトゥアという女性です。

佐藤　信仰のためならライオンに食われてもかまわない、という話ですね。

本村　そうそう。二〇三年に逮捕されて、闘技場で野獣刑に処されました。自分の神に仕えるために、ローマ皇帝には跪かなかった。周囲の人たちは「そこまでする必要はないじゃないか」と説得しましたが、彼女は信仰を守って死ぬことを選んだんです。当時のローマ人にとっては、理解できない行動だったでしょうね。

佐藤　その一方で、キリスト教の布教を禁止した清朝の雍正帝《ようせいてい》の前で土下座したイエズス会のようなケースもあります。信仰の本質さえ譲らなければ、土下座のような形式的な問題には拘らない。

本村　遠藤周作の『沈黙』（新潮社）では、逆にポルトガルから来たイエズス会の宣教師が日本の論理に負けていきますよね。むしろ日本のキリシタンのほうが殉教的な傾向が強い。最近、『殉教の日本　～近世ヨーロッパにおける宣教のレトリック』（小俣《おまた》ラポー日登美《ひとみ》／名古屋大学出版会）という本が出ましたが、それを読んでも、日本では「殉教」が美化されやすいようです。

佐藤　『沈黙』のエピソードについては、私に言わせればイエズス会の指導が間違っているんです。踏み絵なんて、言われるままに踏めばいいんですよ。

実際、オランダ商館の人たちは踏んでいたでしょう。あんな板に描いてあるのは偶像ですから、そんなものを信仰の対象としていること自体がおかしい。遠藤周作はカトリックでありながら、よくそこに気づいたと思いますよ。むしろ、それを踏むことによって信仰が強化されるわけです。

ちなみに、遠藤周作の原作を映画化したマーティン・スコセッシの『沈黙 ―サイレンス―』を神学部の若い助教が「すばらしい映画だから」と学生たちに見せたんですよ。すると、私がいちばん目をかけている女子学生が手を挙げて「ひどい映画ですね。カトリックのプロパガンダそのものじゃないですか」と発言したんです。

というのも、あの時代は三十年戦争の最中で、対プロテスタント殲滅《せんめつ》戦をやっていました。その人たちが、日本で違うことを考えていたとは思えない。映画で取り上げられた局面より前には、神社仏閣に対する焼き討ちなども散々やっていた。棄教を迫られた部分だけ取り上げて「宣教師がひどい目に遭っている」というのは、とんでもないプリズム効果だというわけです。そもそも日本の文化や風土を無視して強引に宣教したのだから、ああいう目に遭うのは当然だ、私は井上筑後守《ちくごのかみ》が正しいと思う――と。

本村　ずいぶん優秀な学生じゃないですか。

佐藤　「なかなかよく理解してますね」と褒めましたけれどね（笑）。映画が原作と違うことにも怒っていました。最後にロドリゴ神父が棺桶の中でキリスト像を握らされているのがおかしい、あれでは最後まで改教しなかったことになるので原作の趣旨と違う、二重三重の意味で最低の映画だと酷評していましたね。われわれはプロテスタント神学を学んでいる人間だから、映画監督の視線ではなく、プロテスタントの立場から見るとどう評価できるかが授業の課題なんです。

本村　映画は教材としてよく使うんですか。

佐藤　はい。前にお話しした『新しき土』も見せました。面白かったのは、一九八二年に北朝鮮で製作された『月尾島　ウォルミド』という映画ですね。朝鮮戦争で「米軍の上陸作戦を三日間遅延させよ」という命令を受けた一〇〇人ぐらいの砲兵中隊が、二万人の米軍を相手に命令を果たし壊滅したという伝説に基づく話です。

　最後は弾薬も尽き果てて、手榴弾を持って敵の戦車に飛び込んでいくところで終わるんですが、学生たちに見せたら「これはすごくキリスト教的ですね」という感想を口にしていました。金日成がイエス・キリストで、朝鮮労働党は教会だというわけです。金日成や教会のために殉じれば、その人の命は永遠に生きる。

本村　まさにキリスト教の殉教と同じ構図ですね。

佐藤　「先生、この構図はプレスビテリアン（プロテスタントの長老派教会）そのものですよね」というので、「金日成は長老派のキリスト教徒なんだ」と言いました。世俗化した価値観の中にキリスト教が潜り込んでいるんですね。

多神教〜一神教はスペクトラム

本村　そういう意味では、やはり一神教のほうが殉教を促しやすいような気はしますね。そして、神のために命を捨てられる人間は激しい戦い方ができる。今回のパレスチナ・ガザ地区では毎日のように殉教者が出ていますが、戦いをやめることができなくなってしまっている。

佐藤　そうですね。神のためだろうが、仲間のためだろうが、自分の命を捨てる覚悟をした人間は、人の命を奪うのも躊躇《ちゅうちょ》せず簡単にやります。

ジェノサイドが民族紛争などで起きやすいのも、「民族のために命を捧げる」という気構えができているからでしょう。もっと卑小な例だと、日本の新左翼による内ゲバもそうですよ。まだ大学進学率が低かった時代ですから、彼らは知的エリートだったはずなのに、内ゲバによる殺し合いをした。それは、自分の信じる理念のために命を捧げる覚悟があったからです。

これは、ある意味で一神教的なものですよね。宗教は人間の観念を組み立てることができるから、命を捨てる気構えをつくることが可能なんです。すると、大義のために他者の命を奪うこともできてしまう。そういう点で、一神教は戦争につながりやすいとは言えるでしょうね。

ただ、たとえば命がけのテロを行ったオウム真理教はもともと多神教です。カトリックも、一神教とはいえさまざまな聖人が信仰の対象になっているので、多神教的な側面がある。逆に、仏教は、仏陀（悟りを開いた者）がいるだけでそもそも神を認めませんが、日蓮宗みたいなものは一神教的な構成になっています。

ですから、さまざまな宗教が必ずしも一神教と多神教に明確に分類できるわけではありません。同じ宗教でも、一神教的になったり多神教的になったりする。そういうスペクトラム（連続的な分布）の中で、いまその宗教がどこに位置づけられるのかを見たほうがいいと思います。

本村　なるほど、本来は多神教でも、一神教的な要素が高まると通常より攻撃的になるというのはたしかにありますね。世界史的に見てもそのような事例はあります。オリエントもギリシャもローマも、それぞれの都市国家として独立している以上は、多神教であっても自分たちの守護神というものを持っていたわけです。

ふだんは自分たちの守護神はもちろんいちばん大事だけれども、ほかの国、ほかの都市の守護神もそれなりに認めています。しかし、戦いになったときには、やはり、徹底的に、敵方の守護神を破壊したり、あるいは自分の国に持ち去ったりすることもあるのです。それぞれの守護神という考え方で互いの神を認めながら、やはり自分たちの神が最高であると考える。そういう形で非常に対立的で非寛容な要素も出てくるわけです。

佐藤　たとえば戦国時代に一向一揆を起こした浄土真宗本願寺も、「南無阿弥陀仏だけを唱えればいい」という状態になっていました。ある意味で、一神教的になっていたと言えるでしょうね。

複数の神が併存して、「私は私の神様、あなたはあなたの神様を信じましょう」という多神教的な状態では、なかなか人を殺すほどの覚悟は出てきません。

本村 日本でも、特攻隊のような戦い方をするわけですからね。あれだけ自分を顧みない戦いができるというのは、やはり一神教的な考えによって兵士が戦っていたからだとわかります。あれも国家神道に対しての殉教のようなものですね。

佐藤 国家神道というものがなくて、八百万の神のために戦っていたら、「じゃあ、俺はスサノオのために死のう」といった覚悟にはなかなかならないでしょ。激しい戦争が起きるときには、多神教がベースの国でも一神教的になるのではないでしょうか。そういう面は、たしかにあるような気がしますね。

本村 単純に「一神教は非寛容」なのではなく、宗教であれ思想であれ、「一神教的な状態」になったときに非寛容になりやすいということですね。

佐藤 そう考えないと、日本の戦争もオウム真理教のテロも説明できないでしょうね。オウム真理教も仏教から生まれているけれど、麻原彰晃への帰依を求める「一神教的」なものがありました。

だから、スペクトラムの中で一神教に近づくと危ないとは言えると思うんですよ。プロテスタントはカトリックと違って一神教に近いわけですが、あまり煮詰まらない感じで、多様な価値観を受け入れることができる状態なら、あまり危険はないかもしれません。

　逆に、無神論者の集団であっても一神教的になることはあるでしょう。たとえば日本共産党が『シン・日本共産党宣言　～ヒラ党員が党首公選を求め立候補する理由』（文春新書）という本を出した松竹《まつたけ》伸幸《のぶゆき》氏を分派活動と見なして除名した騒動なんか、かなり一神教的ですよね。党は「異論を唱えるから排除したのではない。異論があることを党内の手続きに即して言わなかったから除名にしたんだ」と言いますが、事実上、多元的な価値観を認めていないからああいう発想になるわけです。

キリスト教的な慈愛とローマ的な慈愛

本村　コンスタンティヌスがキリスト教を認めてからおよそ五〇年後に現れた背教者ユリアヌスは、キリスト教を批判しながらも、いいところを認めてもいるんですよね。貧しい人や弱い者に対して施しをすることです。
　それはキリスト教が新しい信者を取り込むための方法だったのかもしれないけれど、慈愛の念そのものは決して悪いことではない、と肯定的に語っている。だからユリアヌスは必ずしもキリスト教に背いたわけではなく、かつての多神教的なギリシャ・ローマの世界に戻したかったんですよ。

佐藤　ワンノブゼムでキリスト教があってもいいよ、という寛容で多様な社会ですね。しかしキリスト教のほうは「ワンノブゼムでは困ります」と言うから、面倒くさい。

本村　それこそ「慈愛の念」も、キリスト教的な慈愛とローマ的な慈愛——ラテン語で「クレメンティア」——はちょっと違うんですよね。

　ローマの慈愛については、「クレメンティア・カエサーレス」、つまり「カエサルの慈愛」というのがよく知られています。カエサルは敵であってもローマ市民として受け入れ、恭順の意を示せば許すんですね。

　ブルータスがいろいろと批判されるのは、カエサルの慈愛によって何度も許されてきたにもかかわらず、裏切ったからです。これについては、ブルータスの母親とカエサルがデキていたといった裏話はあるけれども、とにかくカエサルはブルータスのことが個人的には好きだったんだと思います。だから、何度も許した。この件にかぎらず、カエサルはみんなを許して、最終的には対立しなかったんですね。

　ただし「カエサルの慈愛」は、強者が弱者に対して寛容の精神を示すという形です。それに対して、ユリアヌスが肯定したキリスト教的な慈愛は、「強者だから弱者を許す」というものではありませんよね。

佐藤　強いか弱いかは関係ありませんね。

本村　そういう意味で、カエサルの慈愛とキリスト教的な慈愛はちょっと違う。そこには神の愛みたいなものがあるように思います。

佐藤　たしかに、それはそう感じますね。

「悪魔」は時代を経るごとに強くなる

本村　その一方で、中世のキリスト教は「悪魔」という存在は否定していません。いまでもプーチンは西側諸国を「悪魔崇拝」と罵っています。これはまさに宗教が対立を煽る要素のひとつですよね。

佐藤　悪魔もだんだん成長していきますからね。最初は「サタン」で、ヨブ記によると、これは神の集会なんかにも出てきます。それが中世だとパワーアップして「ルシファー」になるんですよ。さらに近代になると「メフィストフェレス」になる。これはかなり破壊力があります。

本村　悪魔がどんどん強くなっていくのはなぜなんですか。

佐藤　時代に対応していると思います。キリスト教における悪魔というのは、人間が持っている原罪が形になったものなんですね。人格化しているから、悪魔は現実に存在する。バイデンからはプーチンが悪魔に見えるし、プーチンからはバイデンとゼレンスキーが悪魔に見えるわけです。時代を追うごとに人間の破壊力が強くなっていくから、それに対応して悪魔も強くなる。

本村　メフィストフェレスになると、ゲーテもかなり手こずるからね（笑）。

佐藤　悪魔って、連れてくるのは簡単だけれど、消すのは難しいんです。でも、悪魔は下手に消さないほうがいい。悪魔を追い払って安心していると、仲間を七匹も連れて戻ってくるという話が新約聖書にあります。

　この「七」というのは完全数で、無限大と同じ意味だから、えらいことですよ。だから、いったん出現しちゃった悪魔とつき合うのは非常に面倒くさい。これ、ちょっと不倫に似てますよね（笑）。

本村　始めるのは簡単だけれど、やめるのは大変ということか。僕は二回経験しているから、おっしゃることはわかります（笑）。

佐藤　でしょ？　スタートはわりと軽い気持ちでやっちゃうけれど、解消するときは大変。

だいたい勤め先を震撼させる騒動になるか、家庭を震撼させる騒動になるかですよ、周囲の実例を見ていると。

だから、宗教の世界に悪魔なんかが出てくるのは、人間の世界を投影しているんですよね。「あんなに信頼していたのにどうして裏切るの？」ということが常に起こるわけです。別に悪気はないいんだけれど、そうなっちゃうことが人生にはある。

それが「原罪」という発想になるんでしょうね。男女関係や親子関係などのことを考えれば、よほど鈍感力の強い人でもないかぎり、誰にでも原罪のあることがわかる。

本村　僕は、三人目の奥さんには正直に言っていますよ。「僕はあなたのことが好きだし、最後まで好きだよ。でも、好きな人は増えるかもしれない」って（笑）。

佐藤　本村さんは真面目だから、そこでリセットするんですよ。ふつうは、増えたほうとの関係を解消しようとする。ある大学の先生は、自分の学生に手をつけておいて「君ともっと早く会っていればよかった。でも世の中には先着順で決まることもたくさんあるんだよ」と先着順理論で逃げていましたね（笑）。

ムスリムが何百回も「結婚」できる理由

本村　どっちにしろ、誰かを裏切ってしまうことに変わりはないのだから、やはり原罪からは逃げられませんね。

佐藤　誰もが絶対に守れない倫理基準を設定して、「あなたは罪人だからしたがえ」というのがキリスト教なんです。

これは国家の法律も同じで、自動車を運転する人で駐車違反を一度もしたことのない人はまずいません。誰かを狙い打ちで捕まえようと思ったら、その人が駐車違反をするまでずっと見張っていればいい。そうやって、誰でも何らかの違法行為をするような状況をつくっておくのは、国家にとって都合がいいんです。

本村　制限速度だって、まず守れない設定になっていますものね。違反する人が大量にいる中で、全員が捕まるというわけではなくて見せしめのように少数の人たちが切符を切られる。

佐藤　キリスト教は、そういう構成なんです。それこそ「情欲をいだいて女を見るな」なんて、すべての男性が絶対に守れない基準でしょ。

同じ一神教でも、イスラム教はそうではありません。そもそも人間は「汚い水」から創造されたと教えるわけですが、これは精液のことです。だから性欲にも寛容なところがあって、婚前の交渉は禁止だけれど、妻帯は四人までオーケー。しかも奴隷は別口です。その範囲でやりなさいというルールなんですが、抜け道はいくらでもあるんですよ。
　実際、イスラム世界には二〇〇回も三〇〇回も結婚している人がいます。とくに、イランにはそういう男性が多い。

本村　えっ、どういうことですか？

佐藤　三人目まで結婚して、四人目の枠を空けておくんですよ。その枠を使って、結婚と離婚を繰り返す。そのための「結婚紹介所」があるので、そこに行って女性の写真を見て「この三番目の人と結婚したい」と言うと、「では結婚時間は二時間、離婚費用は三万円になります」みたいな条件が提示されるんです（笑）。これを「時間結婚」というんですが。

本村　なるほど、料金は「離婚費用」という名目なんだ。

佐藤　イスラム教では、ふつうに結婚するときにも離婚の条件を定めるんです。良家の子女と結婚するときには「ラクダ二〇〇頭と金一〇〇キログラム」みたいな高額に設定して、絶対に離婚できないようにしておくんですね。
　でも四番目の枠を「時間結婚」に使っていれば、戒律に違反せずにいくらでも性欲を満たすことができる。絶対に誰も履行できない厳しい規則をつくって全員を罪人にするキリスト教とは、戦略が大きく異なるわけです。

本村　しかし飲酒についてはキリスト教のほうが寛容ですよね。

佐藤　キリスト教ではワインを飲みますからね。イスラム世界ではレバノンにだけ例外的に美味しいワインがありますが、あそこにはマロン派のキリスト教徒がいるんです。レバノン山中に隠れ住んでムスリムによる迫害から信仰を守ったんですね。いまはレバノンの主要宗派のひとつです。

　イスラム教が飲酒を禁止しているのは、もともと飲み方が半端じゃなかったからでしょう。私は中央アジアのキルギスに出張したことがあるんですが、反宗教闘争の一環としてイスラム圏にシャンパン工場やウォッカ工場をつくって、飲み会をしょっちゅうやっていたんです。「こんな勢いで酒を飲む人たちにイスラム教が飲酒を禁止したのは当たり前だな」と思いましたよ。

　自然に囲まれたアラアルチャ国立公園に当時の外務大臣だった渡辺美智雄と行ったときなんか、山道に数百メートルおきに設置されたベンチごとに、ウォッカのグラスが用意されていました。「これを飲まないと先には進まない」と飲酒を強要されるんです。でも大臣はいちいち全部飲んでいられないから、お供の外務省職員が代わりに飲み干す。途中でぶっ倒れて、救急搬送されましたね。

そうしたら、当時のアカエフ大統領が「今日はいい酒だった」と満足そうに言うわけです。誰かが気絶するぐらい飲むのが「いい酒」なんです。それぐらい飲むから、イスラム教ができる前は、酒のせいで目に余るような害悪が日常的にあったんでしょうね。

本村　現実的な事情による教義なんですね。

佐藤　それでもサウジアラビアあたりでは、いまでもみんなウイスキーなんかをけっこう飲んでいますよ。「コーランで禁止しているのはブドウでつくったアルコール製品だ。だからブランデーやワインはダメだけど、ウイスキーはいいんだよ」とか、勝手な理屈をつけて。あと、「コーランに書いてあるのは、酩酊してはいけないということだ」という言い訳も聞いたことがあります。

本村　そういう話を聞くと、やはり「情欲をいだいて女を見てはいけない」というキリスト教のほうが禁欲的で厳しいという印象を受けますね。

佐藤　だから本来なら、イスラム教のほうが広まりやすいんでしょう。それがうまくいかなかったのは、近代の資本主義と相性が良くなかったからです。イスラム教は、勤勉性をあまり評価しない。商人の宗教だから、勤勉に働いて富を蓄積するより、売り物を右から左に流してうまく儲けるやつが賢いということになるんです。

本村 それを聞いて思い出した面白い話がありましてね。中東のあるところで、日本人が買い物をしたそうです。一〇〇〇円ぐらいの定価がついていたので、そのとおり買おうとすると、「おまえ、なぜそのまま買うのだ」と言って、アラブの商人たちは売ってくれない。それで、とりあえずお茶でも飲んで値段を交渉しようと持ち掛けられる。すると話し合いながら、一〇〇〇円だった品が六〇〇円でまとまったりする。「これで手を打とうじゃないか」と言われる。

買い手は四〇〇円儲かったと思うわけです。一方で売り手は、もともと二〇〇円が原価だとして、六〇〇円で売れたので四〇〇円の儲けになります。買い手側も同じ四〇〇円の儲けでお互いに幸せな気分になる。そのアラブ人の考えではこのように売買が成立するのがいいのだというのです。そうした考えの土壌があるから、勤勉に働いて蓄積するだけだという近代における資本主義の発生、資本主義の精神がどうしても生まれにくかったのかもしれませんね。

入るときは「皮」、やめるときは「首」を切られるイスラム教

本村　一方で、ユダヤ教とイスラム教にはある割礼が、キリスト教にはありませんね。

佐藤　エルサレムの宗教会議で、割礼をめぐる有名な論争があったんですよね。

本村　もともとは熱心なユダヤ教徒としてキリスト教を迫害していたパウロが、キリスト教に回心してから十数年後の会議ですね。

佐藤　新約聖書のガラテヤ人への手紙では、この会議で、割礼を前提にすることなしに異邦人に福音を宣教する承認を得たとされています。要は、そこで「オチンチンの皮を切らなくてもメンバーにしていい」と考える人たちと、「やはり男性器先端の皮は切るべきだ」と考える人たちの折り合いがつかなかったから、棲み分けることにしたわけです。「切るべきだ」派はユダヤ人の世界で伝道し、パウロをはじめとする「切らなくてもいい」派はヘレニズム世界に行くことになりました。

その後、「切るべきだ」派のキリスト教は全部なくなり、パウロ派だけが残ったので、いまのキリスト教には割礼がないんです。

本村　つまり割礼がないのは、キリスト教そのものの特徴ではなく、パウロ派の特徴なんですね。

佐藤　そうです。割礼の問題はいまでも重要で、たとえばロシア、ウクライナ、ベラルーシのユダヤ教徒の中には割礼をしない人がけっこういます。なぜか。

ルーマニアのゲオルギュという作家の小説を原作にした『25時』という映画を見ると、それがわかります。ナチスが踏み込んだ先で、そこにいるのがユダヤ人かどうかをたしかめるために、パンツを下ろさせるシーンがあるんですよ。オチンチンの皮が剝けていると、割礼をしたユダヤ人と見なして殺しちゃう。その記憶がまだ残っているから、ナチスドイツが入ってきた地域では、ユダヤ人でも割礼しない人がいるんです。

本村　身を守るために。

佐藤　そうです。ロシア人はほとんど包茎ですからね。だから、ロシアの大臣と一緒にサウナに入ったとき、ほかの日本人を見て小声で「佐藤さん、あいつはムスリムなのか？日本人だからユダヤ教徒ではないと思うが」と聞いてきました。「いや、あれは包茎手術を受けているんだ」と教えたら、「そんな手術があるのか。なんでそんな意味のないことをするんだ」と怪訝な顔をしてましたね（笑）。

本村　日本では別の意味でなぜか重視されていますよね（笑）。スポーツ新聞なんか、毎日のように包茎手術の広告が載っている。

佐藤　アントニオ猪木先生が一九九〇年の湾岸戦争の際、イラクで人質にされた在留邦人を解放しに行きましたよね。あのとき在京イラク大使に「ムスリムになったほうがいいでしょうか」と相談したそうです。「そのほうがずっと人質解放の可能性が高まる」と言われてムスリムになったんですが、割礼については「包茎手術済みならそれでかまわない」と言われたんですって。

だけど帰国後にこんどは「イスラム教をやめることはできますか」と聞いたら、「できます。ただしやめた場合は首を切ります」と言われたそうです。「佐藤さん、イスラム教は入るときはチンチンの皮を切られて、出るときは首を切られる」とおっしゃっていました。イスラム教の特徴を端的に表す印象的な言葉でしたね。

本村　キリスト教もやめることはできないんでしょう？

佐藤　イスラム教みたいに「やめたら首を切る」とは言っていませんが、脱会規定がありませんからね。これはキリスト教の怖いところです。

日本共産党も創価学会もやめるための規定はありますが、キリスト教もイスラム教も、破門されることはあっても自分からやめることができない。これは任侠団体と近いですよね。任侠団体も、「盃《さかずき》を返すから堅気《かたぎ》になります」というのは非常に難しいでしょ。組そのものが解散することはありますが、やめることはなかなかできない。そういう意味でも、やはり近代とは相容れない原理でできている宗教なんですよ。

第四部　西洋近代主義と日本

——宗教が世俗化していく中で

イエスは仏教徒だった？

本村　最初にお話ししたとおり、現代人の多くが当たり前だと思っている近代的な価値観は、人類にとって決して普遍的なものではありません。実際、さまざまな宗教が、近代合理主義や啓蒙主義とは相容れない教義や習慣を失うことなく、現代も生き続けています。

佐藤さんがご指摘されたとおり、宗教をベースとしたロシアと西側諸国の「価値観戦争」も、キリスト教を抜きに理解することはできません。だからこそ日本人もキリスト教や一神教について知る必要があるわけですが、そこでぜひ取り上げておきたい本があるんですよ。『イエスは仏教徒だった？　〜大いなる仮説とその検証』（エルマー・R・グルーバー、ホルガー・ケルステン／岩坂彰訳／同朋舎）です。

邦題がやや怪しげなので眉に唾つけて見る人もいるでしょうけれど、西洋と東洋の宗教的なつながりを考える上で非常に面白い本だと思います。

佐藤　ドイツ語の原題は『DER　UR－JESUS』、英語だと「オリジナル・ジーザス」ですから、日本語なら「原イエス」もしくは「イエスの原点」といったような意味合いですね。

本村　僕も含めて、キリスト教と仏教に何か関係がありそうだと聞くと、なんとなく腑に落ちる日本人は多いと思うんですよ。実際、僕がこの本をトンカツ屋で読んでいたら、帰り際にレジの女の子がおずおずと「その本、面白いですか？」と聞いてきました（笑）。「そのテーマに興味があるんです」と。

佐藤　たしかに、「わが意を得たり」と感じる日本人は多いでしょうね。

本村　たとえば新約聖書のマタイ伝には「汝の敵を愛せよ」というイエスの言葉があります。でも、しょっちゅう戦争をしているキリスト教圏の様子を見ていると、日本人は釈然としないわけです。

むしろ、その言葉に仏教的な雰囲気を感じる人は多いでしょう。もちろん仏教徒だって戦争やテロをやるわけですが、「原罪」に象徴されるようなキリスト教の厳しさとイエスの「慈愛」のあいだに、なんとなく違和感を抱くんですよ。

そこでこの本を読むと、もちろん「イエスは仏教徒だった」とまで言い切る気にはなりませんが、イエスが仏教的な考え方に触れていたとしてもおかしくはないと思えるんですよね。実際、触れることは可能だったわけです。

佐藤　古代インドから西側まで、仏教が伝わっていたということですね。

本村　そうです。紀元前三世紀に、マウリヤ朝のアショーカ王が大勢の使節を派遣していました。アショーカ王は、カリンガ国を征服することでインドをほぼ統一しましたが、その戦争は数十万人の犠牲者を出した。それを深く後悔した彼は、武力征服政策を放棄して、仏教のダルマ（法）に基づく政治を行うことを決意したんですね。そして、自分の考えを広めるために、各地に碑文を刻ませました。

佐藤　いわゆる「アショーカ王法勅」ですね。

本村　そうです。その法勅には、過去の自分がいかにひどい為政者だったかということも書かれているんですが、これは世界史の中でも稀なことだと言われているんですね。為政者が自らの行為を悔やんでいることを宣言したわけですから。

佐藤　少なくとも現代の日本ではお目にかかったことがありませんね（笑）。

本村　さらに、「いかなる生き物にも害を加えない」として、宮廷では肉食をほとんど排除し、ある種の動物を殺したり去勢したりすることを禁じたりもしています。

　そうやって仏陀の教えを国内に周知するだけではなく、アショーカ王はダルマを世界に普及させる使節を西方や南方に送りました。それも一〇人や二〇人ではありません。何百人もの使節を派遣したんですね。

その使節たちが、エジプトのアレクサンドリアまで行っていることはわかっています。ですから、イエスが仏陀の教えを知った可能性は十分にあるんです。

佐藤 私から見ると、『イエスは仏教徒だった？』という本の考え方は、一九六〇年代の終わりから一九七〇年代にかけて全共闘運動にも影響を与えた荒井献さんや田川建三さん、滝沢克己《たきざわかつみ》さんといった神学者たちの考え方と非常に近いんです。

とくに滝沢克己さんは、不可分・不可同・不可逆の原点論という形で、「原イエス」と親鸞などの仏教思想を結びつけようとしました。だから滝沢克己さんの本は、キリスト教系の出版社からはほとんど出ていません。主に法蔵館から出ていましたね。

本村 そうでしたね。僕が大学生か大学院生ぐらいの時代です。

佐藤 いまはほとんど忘れ去られていますが、滝沢克己さんや田川建三さんはその時期にキリスト教界隈ではすごい影響を持っていたんですよ。

本村 どうして全共闘に影響を与えたんでしょう。

佐藤 当時はキリスト教がリベラルな宗教というイメージを持たれていたので、キリスト教の言葉を使いながら権力性を批判していたんでしょうね。新左翼が日本共産党を批判したのと類似的な構造かもしれません。あの時代は、東大の西洋古典学専修課程がすごく元気でしたよね。

本村　日本社会の封建性を払拭して近代化するために、民主主義を定着させなければいけないという大きな流れがありました。その中にキリスト教を位置づけようということで、優秀な学生たちが西洋古典学専修課程に行ったのかもしれませんね。

ギリシャ語を広めたアレクサンドロスの東方遠征

佐藤　話をアショーカ王の使節に戻しましょう。あの時代にペルシャ経由で西側にインドの思想が入るのは、まったく不思議ではありません。古代でも、情報のコミュニケーションはかなりありました。

本村　とくにヘレニズム時代はそうなんですよ。そのため、いろいろな宗教が混淆するシンクレティズムも起きました。その土台をつくったのは、やはりマケドニア王のアレクサンドロスです。

アレクサンドロスの東方遠征はとても有名ですね。マケドニア王として中心となり、ギリシャ人と連合しながら、彼はペルシャ帝国などの東方にある地域を征服しました。オリエントからアフガニスタン、インドの近くまで、広大な土地を帝国の支配下に置いたのです。

佐藤　しかしアレクサンドロスは、インドには入りませんでしたよね。なぜあそこで西に引き返しちゃったんですか。

本村　中央アジアからインドに向かって、インダス川を越えたあたりで部下に反対されたんですよね。ガンジス川のほうが豊かだという情報は入っていたんですが、兵士たちがもうついてこなかった。アレクサンドロスが「反対しているのはほんの一部のやつらだけだろう」と将校を怒鳴りつけたけど、兵士たちも怒り出したという伝説が残っています。それで彼も、これ以上は先に行けないと悟りました。

　しかしアレクサンドロスが広い範囲に遠征したことで、ギリシャ語を介した情報が各地に行き届きました。アショーカ王の碑文が書かれたのはアレクサンドロスの東方遠征から八〇年後ぐらいですが、現地語とギリシャ語の両方で書いてあります。

　それが、いまのアフガニスタンあたりにも残っている。そのあたりまでギリシャ語が通用するようになっていたということです。ちなみにギリシャ語とアラム語の二言語で書かれたものもあるんですよね。

佐藤　それによって、アラム語の解読が進んだんですよね。

本村　そうです。ギリシャ語の対訳つきということですから。ギリシャ語はラテン語と違って冠詞があるおかげで、言葉の意味をきちんと定義できます。それもあって、ロジックが曖昧にならず、正確なコミュニケーションができる。そういう言語が広まったことで、人や文化の交流が大きく進展しました。

シンクレティズムも、そういう交流の結果です。さまざまな宗教が混ざっていったわけですから、仏教がのちのキリスト教の一部になったとしても、まったくおかしくない。

佐藤　そう思います。しかしこの本を読んで面白いと思ったのは、キリスト教との類似点があるという意味では、仏教ではなくジャイナ教でもよかったということでした。

本村　不殺生《ふせつしょう》などは、ジャイナ教も同じですからね。それにジャイナ教は、禁欲的な苦行というものをかなり徹底するというところもあります。

佐藤　では仏教とジャイナ教は何が違うかというと、後者は厳しすぎたんですね。ジャイナ教の場合、飛んでいる虫を口で吸い込まないように、マスクを着用しなきゃいけなかったりしますからね。

本村　たしかに、厳しすぎる教義があるとなかなか外の世界には広まりません。

佐藤　仏教の場合は、厳しい修行を専門とする上座部と、あまり厳しさを要求されない大乗というハイブリッド戦略をとったところに強さがあると思います。もちろん、「イエスは仏教徒だった」とか「仏教の教えがそのまま聖書に取り入れられた」などと単線的につなぐことには疑問がありますが、もっと緩やかな形のつながりを考えるなら、仏教の考えがキリスト教に生きていると言うことはできるでしょう。

それは、聖書学者も否定できないと思いますよ。この『イエスは仏教徒だった？』という本も、聖書学の成果を踏まえたまっとうな議論をしています。実証はできないけれど確実なことと想定される「原歴史」というキリスト教の考え方に立脚しているので、いわゆる「トンデモ本」ではありません。

たとえば柄谷行人さんの『遊動論　〜柳田国男と山人』（文春新書）も、おそらくキリスト教の原歴史という考え方を使いながら柳田国男《やなぎたくにお》に言及したと思うんです。室町時代より前のことは実証できないけれど確実にあったと言えるものがある、といった書き方をしている。それとこの本はよく似ています。

神学者として「史的イエス」を研究したシュヴァイツァー

本村　仏教徒だったかどうか以前に、そもそもイエスという人物の存在も実証できないわけですけれどね。

佐藤　それについて画期的な業績を残したのが、かのアルベルト・シュヴァイツァーです。アフリカでの医療活動の功績でノーベル平和賞を受賞しているので、医師として有名な人物ですが、彼はオルガニストでもあり、神学者でもありました。

そして、神学者としては「史的イエス」の研究で知られています。イエスという人間が生まれてから死ぬまでの道筋を、徹底的にデータに基づいて実証しようとしたんですね。

シュヴァイツァーがたどり着いた結論はこうでした。イエスという男が一世紀のパレスチナに存在したことは実証できない。ただし同時に、イエスという男が一世紀のパレスチナに存在しなかったことも実証できない。これは、いまの神学における大前提になっています。まともな神学は、「イエスの実在性は実証できない」という前提の下で進展しているんです。

そこから、神学的な流れは二つに分かれました。ひとつは、現象としてのキリスト教を見ていくという流れ。これは宗教学の考え方ですから、無神論と親和性があります。それに対して、もうひとつの流れは、歴史的に何があったかは関係ないと考える。そこで重要なのは、少なくとも一世紀の終わり頃にイエスが救い主、すなわちキリストであると信じていた人たちの集団があったということ。その集団内部での言説を重視するんですね。これを「ケリュグマ」といいます。

本村　「宣教」という意味のギリシャ語ですね。

佐藤　はい。新約聖書に八回出てくる言葉で、告知者が告知する行為もしくは内容を意味しています。メインストリームの神学は、「ケリュグマ」のキリストを意識するんですね。史的イエスは実証できないけれど、イエスの言説とされるものはたしかにある。

では、なぜ「イエス伝説」が誕生したのか。そして、なぜその言説は仏陀の教えとされるものにこんなに近いのだろう——というのが、この『イエスは仏教徒だった？』という本の問題意識です。近代的な神学の成果のみならず、仏教学の成果も取り入れたきわめて有用な本だと思います。

本村　いろいろな意味で、読む価値はありますよね。中東の厳しい自然環境の中で、現在も続く諸勢力の対立・抗争の中で、なぜ「汝の敵を愛せよ」という慈愛の言葉がイエスの口から出てきたのか。それは長らく疑問に思っていたので、仏陀の慈愛に触れたからだと指摘されれば、納得のいく部分があります。紀元前三世紀のアショーカ王の派遣した仏法僧がエジプトにも来ていたことが明らかであるのは、やはり想像力をかきたてられますね。

ドストエフスキーの「過剰さ」の意味

佐藤　そう思います。ふつうの大学でキリスト教の勉強をしたとしても、基本的に「イエスの教えはこういうことだ」という「消費者」側の論理しか教えないんですよ。でも、われわれ同志社大学神学部や東京神学大学みたいに牧師や神学者の養成をしているところは、「じつはイエスの存在は実証できていない」といったことも含めた「生産者」の論理を教えます。神の存在を信じるのは近代的な世界像ではあり得ない話である——と「神の不在」からスタートするのが当たり前なんですね。

そこから勉強を始めると、たとえばドストエフスキーの読み方も変わってきます。「消費者」側の論理だけで読む人は、「ドストエフスキーは敬虔なキリスト教徒で、立派な信仰を持っていた」と思うでしょ。でも、私は全然そう思わない。なぜかというと、神やキリストに付随する話が過剰だからです。

過剰なのは、信じていない人の特徴なんですよ。夫婦でも、「愛してるよ、俺はおまえを心から愛してる」とか過剰にアピールするのは、だいたい何か後ろめたいことがあるときでしょ（笑）。

本村　なるほど（笑）。逆に怪しまれますよね。

佐藤　日本の政治家だって、「国のために身を削って!」などと大きな声で叫んでいるやつは逆に怪しいんですよ。愛国心は本来もっと静かなものですからね。
　ちなみに、現在これはタブー視されている面もありますが、ナチス時代のドイツでは「イエスはユダヤ人ではない」という見方が、まともな聖職学者たちのあいだで主流でした。あの時代にガリラヤ地方（古代パレスチナ北部、現在の北イスラエル地方）にいたのはギリシャから来たアーリア人だから、イエスもユダヤ人ではないというわけです。ポウル・アルトハウスやエマニュエル・ヒルシュといった有名な神学者たちが真面目にそういうことを言っていた。
本村　そう言わざるを得ないでしょうね。常識で考えれば、あの時代のパレスチナの地域にいるのはユダヤ人ですから、それを否定すること自体が非常におかしなことです。われわれ日本人のような、ユダヤ教徒でもキリスト教徒でもない人間からすれば、ごく当たり前のことがまったく受け入れられなくなってしまったわけですね。迫害した立場にいるナチスドイツからすれば、イエスがユダヤ人ではなかったとしたら、それは政策上ありがたいことにもなりますしね。
佐藤　でも、ナチスが台頭する前からそういう主張をしていたんですよ。だから、むしろナチスがそれを自分たちの理論に取り入れた感じですね。『第三帝国と宗教　～ヒトラーを支持した神学者たち』（ロバート・P・エリクセン／古賀《こが》敬太《けいた》、木部《きべ》尚志《たかし》、久保田《くぼた》浩《ひろし》訳／風行社）という本に詳しく書いてあります。

　ともかく、イエスがどういう人物だったかについては近代的な実証史学の範囲外になってしまうので、いろいろなことが言えるわけですよ。一九三〇年代のドイツで「イエスがアーリア人だった」というのが主流学説だったなら、いま「イエスが仏教徒だった」が主流学説になってもおかしくはないんです。

マタイ伝とルカ伝の共通部分が「Q資料」

本村　イエスの実在が実証できない以上、イエスの本物の言葉もわからないわけですが、いわゆる「Q資料」は定説となっていますよね。この本でも「Q資料はイエスが語った言葉を保っていたイエスの民が直接、師の言葉を集めたものから生じた」として、数多く引用するなど重視しています。

佐藤　はい。Q資料とは、マタイ伝とルカ伝に共通する資料のうち、マルコ伝以外の資料のことです。四つの福音書のうち、ヨハネ伝はほかの三つとはほとんど重なっていません。

それ以外の三つは重なる部分があるので、「共観福音書《きょうかんふくいんしょ》」とも呼ばれますね。マタイ伝には、マタイのオリジナルに加えてマルコ伝が入っている。ルカ伝も、ルカのオリジナルにマルコ伝が入っているんですね。つまり、マタイとルカはマルコ伝を読んでいることになります。

ところが、さらにややこしいことに、マルコ伝には書かれていないけれど、マタイ伝とルカ伝に共通する部分があるんですね。それがQ資料です。「源泉」を意味するドイツ語の「Quelle」の頭文字を取って、そう呼ばれるようになりました。学生時代の聖書学の授業では、ギリシャ語の語順などを比較しながらQ資料の中身を見分けるという課題をずいぶんやらされたものです。

たとえば銀座の教文館というキリスト教書店の三階に行くと、二〇〇〇冊ぐらいコメンタリー（解説書）が並んでいるんですよ。それぞれの学者が、聖書の一節ずつについて「このテキストのオリジナルはこれだと思われる」などと書いているわけです。学者によって捉え方はかなり違うので、それを比較検討しながら考える。その世界に入っていくと、けっこう楽しくなってくるんですよ。

本村　だから物理学と同じくらい発展したわけですね。

佐藤　聖書学を専攻すると、たった一〇行ぐらいのギリシャ語をどう読むかで修士論文が書けますからね。まず自分の訳をつくって、その部分に関する先行研究を調べながら、そこにどういう世界像が描かれているかを明らかにしていく。

本村　その一〇行に出てくる言葉の使い方についても、いろいろな事例を挙げたりするんでしょうね。たしかに、一〇行を研究するだけでも十分に論文になりそうです。

時代ごとに変わる聖書学の流行

佐藤　聖書学には、時代ごとに流行もあるんですよ。一〇〇年ぐらい前は、「生活の座」という言葉が流行りました。「様式史学派」という枠組みがあって、それぞれの時代における世界像がどういうものだったかを見ていくんです。

たとえば京都の二条城に行くと、風神と雷神の絵が描いてありますよね。あれは嵐が起きる原理を説明しているわけです。風神が袋から風を出して、雷神が太鼓を叩くから、強風が吹き荒れ、稲妻が生じる。いまから見ればナンセンスですが、当時の世界像ではそう見えたということが大事なんです。そうやって各時代の世界像を非神話化していく様式史の研究が、昔は流行りました。

その後に流行ったのが、編集史です。聖書をつくった編集者集団が何を考えていたかを解明するんですね。

本村　ルカ伝なんかは、その典型ですね。

佐藤　その次に流行ったのが、文学史的な方法です。聖書をひとつの文学として捉えて、そのナラティブの変遷を見ていく。私自身は、あまり流行を追いかけずに、様式史や編集史あたりにとどまっていたほうがいいと思っていますけれどね。

たとえばマルコ伝には、復活の記述がないんですよ。「これはおかしいだろう」と考えて日本語訳の聖書を見ていくと、復活に関するところはカッコで括られているわけです。そこで凡例を見ると、ちゃんと「後世の創意であるが、教会では長らく伝統的に使われていた箇所」などと書いてある。そういうふうに、教会ではトラブルが起きないようにしつつ、文献学的にはあまり非良心的なことはしないようにつくられているんです。

だから、聖書についているちょっとした記号は要注意なんですよ。これは一九八〇年代以降の聖書の特徴です。それ以前は、「素人はそんなことまで知らなくていい」ということで、翻訳したものだけを出していました。

それから、キリスト教は変なところで人権感覚が強すぎるので、昔は「レプラ」と書いていたからハンセン病のことだとわかったんですが、のちに「重い皮膚病」となったんです。「これでは忌み嫌われた当時の状況がわからない」とか「皮膚病患者全般を差別することになるんじゃないか」といった批判が出ました。結果、いまの聖書協会共同訳では「規定の病」となっています。何のことだかよくわかりません（笑）。

明治期の日本人はなぜキリスト教を理解できたか

本村　イエスが亡くなった後、パウロをはじめいろんな人たちがテキストを編纂していく過程で、当然のこととして、相当な脚色はあったと思うんですよね。

でも、その中のどれがオリジナルかという話と、イエスの教え自体が仏教の影響を受けていたかどうかは、別の問題のように思います。「原イエス」の人物像を伝える言葉はほとんどQ資料にしか残っていないわけですが、それを見るかぎり、その後のキリスト教におけるメシアとか終末論といった話とはまったく違う要素がある。『イエスは仏教徒だった？』の著者たちは、そこに仏教の影響を見出しているわけですが。

佐藤　それは非常に説得力があるんですよ。これは、明治期にどうして日本人がキリスト教を理解できたかという問題にも関わってきます。

本村　なるほど、じつに興味深いテーマですよね。

佐藤　魚木忠一という同志社大学の神学者が、一九四一年に『日本基督教の精神的伝統』という本を書きました。そこで魚木は、明治期の日本人がキリスト教をかなり深く理解できたのは、仏教と神道と儒教の伝統があったからだと記しています。

その中でもとくに鍵を握っていたのが仏教なんですね。仏教の伝統があったからこそ、苦しんでいる人を救うというキリスト教の救済宗教という本質を見事につかむことができた、というわけです。

この『イエスは仏教徒だった？』という本も、Ｑ資料をベースにした「原イエスの言葉」を書き並べて、それを仏典と比較して類似性を見出していますよね。

歴史的な事実として、イエスが仏教について知っていたかどうかは、わかりません。しかしいずれにせよ、仏教とキリスト教が普遍的な何かを共有しているから、日本人に理解可能だという見方は面白いと思います。イエスの死後に教団や神学者が整理する前の素朴なイエスの教えは、たしかに日本人に受け入れられやすいものでしょう。

本村　『イエスは仏教徒だった？』の中には、こんなことも書いてあります。

〈十六世紀、イエズス会士が異教徒をキリスト教に回心させるべく日本に到達したとき、彼らはほかのキリスト教徒がすでに日本に来ており、多くの人々を改宗させていたと思い仰天した。彼らの目には、「信仰のみが問題である」という阿弥陀崇拝の教義は、自分たちが憎んであまりあるプロテスタントの変形であると映ったのである。〉

つまり、自分たちカトリックよりもプロテスタントのほうが先に日本に来て布教していたんじゃないかと疑うぐらい、阿弥陀崇拝がキリスト教に似ていたわけです。

イエス・仏陀・ディオゲネスの類似性

佐藤　ちょっと細かい話をしておくと、この本が「原イエスの言葉」として紹介しているのは、『失われた福音書　〜Q資料と新しいイエス像』（秦剛平訳／青土社）という邦訳も出ているバートン・L・マックの『The Lost Gospel』という本からの引用です。このバートン・L・マックという人は、『イエスは仏教徒だった？』の注にも書いてあるとおり、イエスは古代ギリシャ哲学の「キュニコス派（犬儒《けんじゅ》派）」だと主張している人物。つまりイエスはディオゲネスに近いというわけです。

本村 ディオゲネスについては、ギリシャを征服したアレクサンドロスが会いに行って、その人柄に感激して「何か望みはあるか」と聞いたら、「日陰になるから私の前からどいてくれ」と答えたというエピソードが有名ですよね。

イエスがキュニコス派かどうかはわかりませんが、犬のように無欲に生きるという点では、仏陀と似たところはあるような気がします。王様の地位を捨てて、無一文で人生をやり直したわけですから。

佐藤 イエスと仏陀が古代ギリシャのディオゲネスともつながるのだとしたら、仏教がキリスト教に影響を与えたというより、もっと広く人間というものに共通する普遍的な「何か」があるということかもしれませんね。

いずれにしろ、前にもお話ししたとおり「父・子・聖霊」という構造になっているキリスト教は、厳密には一神教ではありません。そのあたりも、ある意味で仏教と近いと言えるでしょうね。仏教は多神教というか、そもそも「神」という概念がありませんけれどね。悟りを開けば誰でも仏陀になれるのだから、ある種の無神論とも言えます。

本村 キリスト教も、ローマでは「無神論」と批判されましたしね。

佐藤 もうひとつ、キリスト教と仏教で似ているのは、人格的な関係でしょう。仏陀やイエスと人間的な師弟関係が生まれるわけです。

そして、どちらも弟子を感化する力が非常に強い。とはいえ、決して模範的な優等生タイプではないわけですよ。仏陀は妻子を捨てて、放浪の旅に出ちゃったわけですからね。しかも、断食すれば悟りが開けると思ったら、全然開けない。むしろ衰弱しきって苦行を中断した後、スジャータという娘が乳粥を飲ませたら、パッと悟りが開けた。

本村　ある意味では、最後までモヤモヤしているわけですよね。

聖書に入らなかったイエスのおそるべき幼年物語

佐藤　ええ。イエスだって、ナザレにいたときは「あの大工の息子じゃないか」と無視されて、全然うまくいかなかった。しかも、そんなに教育水準の高い人ではありませんよね。そこらへんにいるお兄さんという感じ。

本村　若い頃に一七年間もエジプトに行って、そこでいろいろ勉強したという仮説もありますけれど、聖書にはその頃の話がありません。少年時代の話はちょっとだけあって、ほとんどは三〇歳になってからの話です。

佐藤　新約聖書に入らなかった外典には、「イエスの幼年物語」があることはあるんですよ。たとえばイエスが五歳のとき、ユダヤ教の安息日に、粘土をこねて雀を一二匹つくった。それを父親のヨセフが誰かから聞いて「なぜ安息日にしてはならないことをするんだ」と叱ったら、イエスはポンポンと手を叩きながら粘土の雀たちに「行け」と言ったんですね。すると、飛ぶはずのない雀が羽を広げて飛んでいった——というエピソードがあります。

また、七歳か八歳のときには、すれ違いざまにぶつかった子どもに「この野郎、よくも俺にぶつかりやがったな」と言ったら相手は死んでしまった、とかね。あるいは学校では、算数の計算問題を早く解いて、教師をバカにするような発言をする。父親が「けしからん」と怒って耳を引っ張って叱ったら、目をランランと輝かせて「おまえ、誰に向かってそういうことをしているのかわかってるのか」と親を脅したそうです。

本村　それは怖いな（笑）。

佐藤　それで親が「悪いことだけはしないで、いいことだけをするように」と祈ったら、それまで殺した連中をみんな生き返らせたという話です。さすがに「これはちょっとマズいんじゃないの」というわけで、聖書には入れてもらえませんでしたね。講談社文芸文庫の『新約聖書外典』や教文館の『聖書外典偽典　新約外典』などで読めますけれど。かなり面白いですよ。明らかにグノーシスの影響を受けています。

ブルガーコフの『巨匠とマルガリータ』

佐藤　イエスの問題に関しては、ブルガーコフというロシアの有名な作家が近代聖書学の成果をうまく使いながら書いた『巨匠とマルガリータ』という小説も面白いですね。一九二〇年代のモスクワに悪魔が現れるという話で、スターリン時代には発表できなかった作品です。その後、映画化もされました。

　話は、〈宿なし〉というペンネームで詩を書いているイワン・ポヌイリョフが、ミハイル・ベルリオーズという文芸誌の編集長から原稿を突き返される場面から始まります。反宗教的な叙事詩を依頼されたイワンは、イエスを魅力に欠ける陰鬱な人物として描いたのですが、ベルリオーズはイエスを実在の人物として描くこと自体が気に入らない。「きみの話ではイエスが本当に生まれたことになってしまうではないか！」などと言って、「実際には存在しなかったイエス」について自説を滔々と語って聞かせるわけです。

　そこに、謎の外国人が現れて「聞き間違いでなかったら、イエスはこの世に存在しなかったとかいうお話でしたね？」と丁重な口調で話しかける。これがじつは悪魔なんですが、その場ではドイツから国立図書館に招かれた黒魔術の専門家だと名乗ります。

本村　それだけでゾッとしますね（笑）。

佐藤　そこから議論が始まるんですが、その外国人に「神が存在しないとすると、人間の生活や地上の秩序を誰が支配するのでしょう？」と問われたイワンは、「人間が自ら支配するに決まっている」と答えます。

外国人は、「支配するにはいくばくかの期間に対する正確な見通しが必要ですが、わずか一〇〇〇年ほどの計画も立てられないばかりか、自分自身の明日さえ保証できない人間にそんなことができますか。だいたい、今夜何をするかも人間は言えないのですか」と反論する。そこでベルリオーズが「今夜のことぐらい正確にわかる」と言って、作家同盟の会議で司会を務める予定を伝えます。

すると外国人は、「その会議は絶対に開かれません」と予言するんですね。理由を問い質すと、「アーンヌシカという女性がヒマワリ油を買って、それをすでにこぼしてしまったからです」と、わけのわからないことを言うわけです。

そしてその夜、ベルリオーズは道にこぼれていた油に足を滑らせ、そこに通りかかった電車に轢かれて首が切れて死んじゃうんです。

本村　悪魔おそるべし、ですね。

佐藤　細かい内容はともかく、この作品が無神論の話を取り入れながら何を訴えているかというと、「ロシア帝国がソ連になっても人間は全然変わっていないじゃないか」ということなんですね。それはつまり、宗教的なものを消し去ろうとしても消すことはできないということなんですよ。

本村　共産主義国家だけでなく、近代社会全体にも同じことが言えますよね。たとえ技術の発展で神の位置づけが大きく変わったところで、人間は根本的には何も変わってはいない。

佐藤　そういうことです。「神は死んだ」と宣言しても、なかなか死なない。しかし、逆に宗教的な価値観を徹底しようとして教育に力を入れても、それがうまくいくわけではないんです。そこが宗教の面白さだと思いますね。

社会主義時代の一〇分の一まで減少したチェコのキリスト教徒

本村　宗教的な感情は人間にとって特別なものではなく、決してなくならないものだと思います。そのすべてを「宗教」と呼べるかどうかはわかりませんが、いまの人類の頭脳でやっていくかぎり、近代的な合理主義だけで物事を割り切れるわけではないでしょう。世俗的な日常生活の中にも、必ず超越的なものは介在します。

　日本人も例外ではありません。実際、「宗教は嫌いだ」とか「自分は無神論者だ」などと言いながら、テレビで見かけた星占いなんかを気にする人はいくらでもいるでしょう（笑）。日本人は宗教、とくにキリスト教を知らないから世界情勢も理解できない――という思い込みもありますが、どんなに世俗化しても宗教的なものと無縁ではいられませんよね。

佐藤　世俗化した近代社会でいかに宗教性を生かすかということを意図的にやっているのが、たとえば創価学会ですよ。ほかに創価学会クラスの影響力を持っているのは、アメリカの宗教右派。ロシア正教もそれに近いと思いますね。

本村　ロシア正教も、世界宗教になる可能性を持っているということですか？

佐藤　創価学会のような広がり方とは違いますが、「正教世界」は確実に存在します。ほとんどは東ヨーロッパの枠内ですが、じつは西側諸国で正教がいちばん強いのはアメリカなんです。亡命ロシア人たちがニューヨークにつくったアメリカ正教会は、政治的な影響力もかなりあります。

本村　一方で、前にもおっしゃっていたように、西ヨーロッパではキリスト教が世俗化しています。

佐藤　ヨーロッパの場合、まったく宗教を信じていない無神論者がもはや半分以上を占めているんじゃないですかね。日本人はそれをあまり理解していませんが、いまのヨーロッパはまったく「キリスト教世界」ではありません。

もちろん、正教が強い東ヨーロッパは別ですよ。しかしヨーロッパのカトリック圏とプロテスタント圏は日本と同じ程度に世俗化しているんです。

たとえば、チェコ兄弟団福音教会というプロテスタントの合同教会があります。日本で言えば、日本基督教団みたいな存在ですね。ルター派と改革派カルヴァン派が一緒になって一九一八年に設立されました。

その信者数を見ると、一九二一年は二三万一一九九人で、人口の二・三一%。それが一九三〇年には二九万九九四人、社会主義化した一九五〇年には四〇万一七二九人まで増えています。

ところがビロード革命の後は二〇万三九九六人、二〇〇一年は一一万七二一二人、二〇一一年は五万一八五八人、二〇二一年は三万二五七七人ですよ。社会主義時代と比べると、一〇分の一以下まで減っているんです。

本村　驚きですよね。私も毎年のようにヨーロッパを訪れていますから、多くの人たちが教会に行っていないということは、よく知っています。おそらく今後、それが改善されるとは思えないですね。

非キリスト教徒や無神論者が増えていくということはこれからも当然予測されることです。しかし、この現状を抜きにしても、やはり人間の中に自分を超えた存在や不条理に対する不安はあると思うんです。すべてが自分で決定できる。そんな強い気持ちを人間は持っていないし、持てないのではないでしょうか。宗教から離れていくいま、人間がどうやってこれらの問題に向き合っていくのかというのは、きわめて大きな問題だと思います。

西欧の世俗化とLGBTQ＋

佐藤　これが、いまのヨーロッパです。よく「日本人は宗教観が薄い」などと言いますが、ヨーロッパも大差ありません。「彼らはキリスト教国の国民だから」などと考えずに、日本と同じ感覚で見ていたほうがいいと思います。

たとえばＬＧＢＴＱ＋に対する差別解消という問題意識は、キリスト教的な価値観からストレートには出てきませんからね。プーチンの発言を見ればわかるとおり、同性愛的なものは「ソドムとゴモラ」みたいな頽廃と認識するほうが、どちらかというとキリスト教らしいんです。しかしヨーロッパでは、いまやＬＧＢＴＱ＋の人たちが大手を振って歩けるようになってきました。これは、その社会が世俗化していることを示す大きな指標のひとつなんですよ。

本村　日本でも、ＬＧＢＴＱ＋に抵抗感を持つ人は少なくないですよね。公の場では黙っていても、居酒屋に行けば「あんなのは認めたくない」と本音を漏らしている人がたくさんいます。ほとんどは年配の男性ですけれど。

佐藤　それも、ある面で宗教性と関係しているんですよ。それこそ旧統一教会の創設者である文鮮明は「同性愛のようなものは罪です」という趣旨のことを言っていますからね。それが保守派の家族観や男女観とも相性がいい。だから「ＬＧＢＴ理解増進法」の議論も紛糾したわけです。

本村　そういうところにも、「近代の限界」はあるんでしょうね。世代の問題かもしれないけれど、宗教を含めた前近代的な価値観を捨てられない人は大勢いるし、すべてそれを捨てるのがいいともかぎらない。

佐藤　たしかに年寄りほどそういう面はありますが、世代を問わず日本的な霊性は残っていますよ。前にお話ししたように、「紅白歌合戦」という「カオス」から初詣という「コスモス」にいたる新年の迎え方は、まさに神道的な感受性でしょう。不祥事を起こしても「禊ぎは済んだ」とか言ってなかったことにするのもそうです。

本村　何でも「水に流す」のも、もともとは宗教的な感受性でしょうね。星占いを信じない人でも、日本人にはそういうメンタリティが否応なく身についている。たとえ自分たちのことを無宗教だと認識していたとしても、無意識的な部分では決して宗教的なものから脱することはできていないのだと理解できます。

「西側の一員」として日本はどう振る舞うのか

佐藤　ですから、じつは誰にでも宗教的な感覚はあるんですよ。どんなに近代的な合理主義を貫こうとしても、宗教性は生活の中に埋め込まれている。キリスト教的な価値観だって、仏教の影響なども受けているかもしれないわけですから、決して日本人に理解できないものではありません。

本村　世俗化したヨーロッパ人も同じということですよね。前に佐藤さんがおっしゃったとおり、近代的な「人権」思想も、もともとは宗教的な「神権」ということですから。だからこそ、ウクライナでの戦争は宗教ベースの価値観戦争になっている。

佐藤　ゾンビ化した西側のキリスト教が、宗教の名前を使わずに価値観戦争をやっているんです。そしてプーチンのほうは、あからさまに敵のことを「サタニズム」と呼んでいる。二一世紀の国家指導者が「サタニズム」なんて口にするのは、驚くべきことですよ。直近で正面から「サタニズム」と言ったのは、イランのアフマディネジャード大統領ぐらいでしょ。イスラエルは小サタン、アメリカは大サタンだと。ロシアはそういう感覚になっているわけです。

一方の西側も、経済的な利益のために戦っているわけではありません。自分たちの掲げる自由と民主主義のためにウクライナを戦わせているわけですよ。だからどちらも、自分たちの価値観に殉じようとしている。

本村　その戦争に、日本は「西側の一員」として関与しているわけです。キリスト教同士の価値観戦争だと位置づけられると、どう振る舞えばよいのかわからなくなる日本人も多いかもしれません。もともと日本人には、キリスト教に象徴される「西洋」に対するコンプレックスみたいなものもありますしね。

しかしこれまでの話からすると、近代の限界を迎えつつ、宗教的なものをさまざまな形で抱えているという点で、そんなに大きなギャップはないのかもしれません。

佐藤 いまの日本のあり方は、ある意味で日本画みたいな感じだと思うんです。日本画というのは、洋画と触れ合うまで存在しなかったでしょう？

浮世絵や墨絵のようなものはそれ以前からありましたが、日本画は洋画の影響を受けて生まれました。西洋化が始まった明治期に、洋画の価値基準を取り入れつつ、日本独自の絵画をつくろうとしたわけです。

本村 お雇い外国人のフェノロサが大きな影響を与えましたしね。

佐藤 そうです。洋画の影響を受けながらも、顔料をつくって膠で貼りつけるという特殊な技法で描くようになった。つまり、西洋の絵画が日本に土着化したわけです。

本村 なるほど、宗教が各地で土着化して広まるのと同じですね。

佐藤 ファッションもそうです。いま日本人はほとんど和服ではなく洋服を着ていますが、やはり欧米のファッションと同じではありません。日本には「日本的な洋服」があるわけですよ。出版文化も西洋と同じように見えながら、文庫や新書も含めてどんな本にもカバーをかける国は日本ぐらいでしょ。

本村　しかもそのカバーの上に帯まで巻きますから（笑）。

佐藤　キリスト教は日本で土着化しませんでしたが、そうやってさまざまな西洋文化が日本で土着化しているわけです。中南米、アジア、アフリカをはじめ、現地のまじないなどと合わさりながらキリスト教が土着化したのと同じですね。

「受けるよりも与えるほうが幸いだ」

本村　アショーカ王が派遣した使節によって仏教が西洋に伝わり、それがイエスに影響を与えたのだとしたら、キリスト教もある意味で「仏教の土着化」と言えるかもしれないわけですよね。

　そこまでは言わないとしても、「汝の敵を愛せよ」というイエスの言葉を見れば、西洋も東洋も宗教的な感情の根は同じようなところにあるのかもしれません。ならば日本にも、ウクライナにおける価値観戦争に対してできることはあるでしょう。

　僕自身は、いろいろな面で近代が限界を迎えている以上、ここは古代まで遡って「デルフォイの神託」に耳を傾けたいところですけれどね。「メーデン・アガン」、やはり物事はほどほどにしておいたほうがいい。金儲けであれ、正義であれ、価値観の貫徹であれ、何事も徹底しすぎると逆に煮詰まっちゃうんですよ。戦争もほどほどにしないと誰の得にもなりません。世界史を広く見渡せば、大した利益にならない戦争を人類が繰り返してきたことは明らかでしょう。

佐藤　そうですね。物事はあまり詰めすぎずに、もっといい加減になったほうがいいんだろうと思います。聖書にも、悪魔も、徹底的に追い出すと、仲間を七匹連れて戻ってくると書いてありますからね（笑）。世の中をきれいにしすぎると、ろくなことにならないんです。悪魔退治も、ほどほどにしないといけません。

本村　佐藤さんは、キリスト教徒としてよく思い出す聖書の言葉はありますか？

佐藤　使徒言行録にある「受けるよりも与えるほうが幸いだ」というイエスの言葉ですね。相手からテイクしようと思うと、結局は自分が損をする。だから自分のほうから何かを与えなさい、ということです。

　ただし、これは学生に教えるときにも強調するんですが、与えることができるようになるには、誰かに何かもらわないといけないんですよ。でも、「いまは受けるときだから」と言って、自分から人におねだりするのはよろしくない。人が与えてくれるものは何でも受けなさい、と言うんです。

先ほど紹介した『巨匠とマルガリータ』では、悪魔が「決して自分より強い者にお願いをしてはいけない」と語っています。これはスターリン時代の監獄で生き残るための知恵なんですね。

人間は、自分より強い者にお願いしていると、そこからどんどん卑屈になっていくんです。とはいえ、意地を張って与えられるものを断っていたら生きていけない。だから、与えられるものは受ければいい。受けるより与えることが幸いなのだから——という考え方を持てるかどうかが大事なんです。

「隣人愛」とモースの贈与論

本村　それは僕もそう思います。与えるほうも、それ自体が幸せなんだから、見返りを期待しない。見返りを求めていたら、際限なくギブ・アンド・テイクを続けることになりますからね。しかし見返りを求めずに与えていれば、めぐりめぐって何か大きな幸福が返ってくるかもしれない。

佐藤　そうそう。だから「汝の隣人を愛せよ」という言葉のリアリティは、結局のところマルセル・モースが言ったような贈与論に還元されるんです。

本村　等価交換ではないわけですね。贈与論における贈与というものは、あくまでも与えるという行為に大きな意味があって、そこからまたもらうとか別の価値を生み出すということは、二の次です。単純なギブ・アンド・テイクであってはいけません。そこがやはりある種の無償の愛情といいますか、捨身の行為に当たります。これがおそらく基本的な贈与のあり方ですよね。

佐藤　そういうことです。われわれの世の中は、昔から常に対価を払うギブ・アンド・テイクで成り立っちゃっているんですよね。しかしそうではなく、みんながテイクのことを考えずにギブし合う社会をつくる。家族関係なら、親は子にとって常にギブしてくれる存在でしょう。そこに「愛」というもののリアリティがあるんです。

　猫を見ていても、まあ父猫は無責任なんだけれど、母猫は命に代えてでも子猫を守りますからね。もっとも、危ない状況になると生き残りそうな子から連れて行くんですけれど、それはしょうがない。

　それで半年ぐらい経つと、それまであんなに可愛がっていた母猫が、「近寄るな」とばかりに子猫を蹴っ飛ばして追い出すんですよ。猫も近親婚は嫌うから。とくに男の子には厳しいですね。

ともかく、動物たちにも「ギブだけの世界」があるんです。動物たちはギブ・アンド・テイクの計算をしないけれど、ギブしてくれる存在がいるから、テイクのことを考えなくても世界が成り立つわけですよ。だから人間も、あんまりガツガツとテイクのことを考えないほうがいいんじゃないかと思いますね。

本村　聖書にはイエスがいろいろ奇跡を起こして人々を助けるエピソードがありますけれど、「ありがとう」と感謝するのは十数人のうち三人しかいなかったりしますからね（笑）。ギブというのは、そんなものなのでしょう。初めから見返りがこないものとして捉えておかないと後で自分自身が損をしてしまう。

神仏混淆が日本的霊性

佐藤　今回のロシア・ウクライナ戦争でも、西側諸国は極端なウクライナ支援に走っています。「ほどほど」にはなっていません。むしろ、中国やインド、あるいはブラジルあたりのほうが中庸の立場を取っていますよね。

ただ客観的に見れば、日本もかなりバランスが取れているんですよ。ロシアの海産物は全部それまでと同じように買っていますから。空はオープンだから、いまは日本の航空会社が自らの判断でロシア上空に旅客機も貨物機も飛ばしていませんが、日本政府が禁止しているわけではない。戦争が終わればいつでも航空路を再開することができます。ロシアに対して制裁を科し、自国領空での飛行を禁止した日本以外のG7諸国は、制裁を解除する必要があるので、ロシアの飛行機の自国領空での飛行を認めるハードルはかなり高くなると思います。さらに液化天然ガスもロシアから買っているから、日銭で三〇億円から四〇億円ぐらいロシアに出している。それでいいんですよ。

本村　しかも、ウクライナへの軍事支援は高速道路八〇〇メートル分ぐらいしか出していない。これが日本政府があえて行っていることなのかどうかは僕にはわかりませんが、ほどほどという立ち位置を実践しているわけです。

佐藤　そうそう。日本の経済力から見たら、著しく小さい金額です。でも、それが「ほどほど」の関与だと思いますね。そういうバランスが取れているのは、やはり日本的な霊性があるからでしょう。

　ちなみに、私が日本的な霊性をいちばん強く感じるのは、奈良の吉野です。廃仏毀釈《はいぶつきしやく》、神仏分離を真面目にやらなかったところですよね。吉野山は、神道とも仏教ともつかない修験道《しゆげんどう》の聖地で、蔵《ざ》王権現《おうごんげん》を信仰する金峯山寺が中心となっていました。だから、吉野神宮は山の上ではなく麓にあるんです。

修験道廃止令によって金峯山寺は廃寺になったんですが、蔵王権現像のある蔵王堂は「金峯神社口ノ宮」と神社の名前に変えて生き残った。政府から「壊せ」と言われた三体の蔵王権現像も、カーテンを張って隠して、その前に鏡を三つ置いて「壊しました」と嘘をついたりしたんですよね。あそこに行くと、いまだに山伏が朝からホラ貝を吹いたりしていて、面白いですよ。

秩父にも修験道はありましたが、東京に近いからうまく誤魔化せなかったんでしょうね。廃仏毀釈を真面目にやっちゃったので、ほとんど滅びてしまいました。いまでも秩父の札所に行くと、石仏がたくさんあるんだけれど、みんな明治時代にいっぺん切った首をセメントでつけ直してあります。神仏混淆という日本的な霊性がかぎられた場所にしか残っていないのは、ちょっと寂しいですね。

自民党の「歯止め」になる宗教の力

本村　しかし、もともとは日本全体に広がっていたわけですから、目に見えない形では残っているでしょ。

佐藤　そうそう。そういう霊性は、われわれの中にあるはずです。仏教はそうやって日本に土着したんですよね。やはり、土着化した宗教は外来でも強いんです。キリスト教も、韓国やフィリピンではまじないなどと一緒になっているから生き残っている。何か困ったことがあったら相談に行けるとか、呪い殺したいやつがいるときはそこに行けば何とかしてくれそうだとか（笑）、現世的なご利益もありますし。

本村　やっぱり、そこは大事なんですね。呪術やご利益といった非科学的な利益をわれわれは宗教に求めている気がします。

佐藤　そういうときに難しい理屈ばかり唱えていると、宗教としての裾野が広がりません。だから創価学会インタナショナル（ＳＧＩ）は、ユダヤ教徒でもムスリムでも、そちらをやめることなく会員になれる仕組みにしているんです。あまり理屈を詰めないで、混淆宗教にしておかないと広がらないんですよ。

本村　ロシア・ウクライナ戦争への関与が「ほどほど」になっているのも、公明党が与党になっているからですかね。

佐藤　そうですよ。ひたすら論理的に詰めていったら、「もっと貢献すべきだ」という話になるはずです。実際、自民党のヒゲの隊長さんとか、元防衛大臣の小野寺五典さんあたりはハッスルして「殺傷能力のある兵器をウクライナに送りたい」と言いましたよね。

　でも公明党と協議すると、「防衛装備移転三原則は守って慎重にやりたい」と言われちゃうわけでしょ。池田大作氏がウクライナの平和についてG7向けの声明を出しているから、公明党はそれに縛られるわけです。だから公明党の山口那津男代表も「何でもいいから殺傷兵器を出せという話にはならないだろう」といった発言をする。それが自民党の歯止めになっているんです。

　そういうのを見ていると、やっぱり宗教の力はすごいと思いますね。創価学会のロシア・ウクライナ戦争に対する立場はマスコミではほとんど報道されないけれど、聖教新聞には書いてありますよ。政治に宗教が口を出すことに文句をつける人は大勢いますが、それで戦争に巻き込まれないなら、結果としていいじゃありませんか。勇ましいことばかり言うのは、良くないんですよ。全共闘世代でも、勇ましく「突っ込め！」とか言っているやつにかぎって、本当に怖い場面になると逃げたでしょ（笑）。

本村　そうそう。僕は新聞部だったんだけれど、シンパだったので活動家と一緒に寮に立て籠もったことがあるんです。敵対勢力に踏み込まれたとき、ふだん勇ましく演説をぶっていたやつが真っ先に窓を開けて逃げ出しましたね。僕はいちばん最後になっちゃって、ゲバ棒で背中を叩かれました。ちょっと親切なやつがそれを見て「そいつは大物じゃない」と仲間に教えてくれたおかげで、許されましたけれどね。二〜三日後に兄貴の結婚式に出席したんだけれど、背中が痛かったのをよく覚えています。

大きな声で主張をする人間ほど、何かあったときに真っ先に逃げ出す。そのくせふだんはそんな素振りを見せないから、周りにいる人間は堪ったものじゃない。極端な意見を言っているにもかかわらず、いざ何か起きたときに責任を取らずにその場を放棄してしまうんです。

人間に期待しない宗教、期待しすぎる近代

佐藤　そういう勇ましい人は、危険に対するセンサーシステムが人より敏感なんだと思います。だから、誰よりも早く逃げる。センサーが鈍感な人間はあまり勇ましいことを言わないんだけれど、いざとなったときに腰が重いから逃げ遅れるんです。ですから、勇ましいやつは信用しないほうがいいですね。

本村　天下国家を大声で論じていても、結局は自分の身が大事だったりするものですよね。

佐藤　要するに、人間なんてそんなに善良なものではないということでしょう。それは、

仏教もキリスト教も共通して言っていることです。そういう人間の弱さを理解しておくのは、重要なことですよね。だから宗教的なものに触れていると、人や社会に対して過剰な期待を抱かなくなるんです。

本村　逆に、近代社会は人間中心主義だから、人に大きな期待を寄せざるを得ない。それが危うさでもありますよね。

佐藤　そうなんですよ。しかも近代の人間観というのは、「今日もホームランだ！」みたいなものですからね（笑）。まさに過剰な期待をしているんです。

それで「自由な民主主義社会を！」と言うわけですが、そもそもろくなものではない人間にそんな立派な社会をつくれるはずがないだろ、と話半分に聞いておくぐらいでちょうどいいんだろうと思いますけれどね。

本村　たしかに、この世の不条理に気づかせるのは宗教の重要な役目だと思います。人間は、自分の頭脳で考えて、理想やあるべき姿を思い描きます。

その理想がひとりの個人や、特定の期間、あるいは狭い地域にかぎった話であれば、一時的に有効であるかもしれません。でも、広い地域、長い期間にわたって、立派な何かを築こうとしてもなかなかできない。

人間にはやはり人を超えた何か大きな力があるということを自覚させるのが大事だと思います。そういう意味での宗教の役割というのはなおざりにはできません。

佐藤　宗教は、そうやって人間の限界を教えてくれるのと同時に、逆に人間が打ちひしがれているときには「いや大丈夫だよ」と声をかけてくれるんです。そういうものが人間には必要だから、宗教は消そうと思っても消すことができません。

しかし一方で、広く普及させようと思っても、そう簡単には普及しないという面も宗教にはあります。そういう曖昧なところにとどまりながら残り続けるのがいいんじゃないでしょうか。その曖昧さは、本村さんのおっしゃる「ほどほど」でもありますよね。

本村　そうですね。一神教と多神教のスペクトラムの中で一神教的なほうに近づくと戦争や暴力を加速させるのも宗教ですが、それを「ほどほどにしておけ」と諭すのも宗教でしょう。ロシア・ウクライナ戦争にしろイスラエル・ハマス戦争にしろ、自分たちの価値観を徹底するという理念ではなく、ほどほどに折り合うという「メーデン・アガン」の古代人の知恵を生かしていけることが大切ですね。

古代の多神教社会では、神々が人間に「正しく振る舞う」ことを求めました。おそらく「神の声」を誰もが聞いていたのでしょう。人間は、その声が告げるルールさえ守っていればよかったんですね。

やがて人間はその声を聞けなくなってしまいましたが、それでも宗教はなくなりません。「近代の限界」とは、ある意味で「人知の限界」でもあるのでしょう。どんなに人間中心主義の世俗化した社会になっても、われわれは「神々の声」を求め続けるのだろうと思います。

あとがき

人類が危機に直面していることに誰もが気づき始めている。１９４５年に終結した戦争（あのとき日本は負けた）が最後の世界大戦であるという認識がもはや通用しなくなっている。合理的には人間は戦争を避け、平和を望むはずなのだが、現実はそうなっていない。

２０２２年2月24日のロシアによるウクライナ侵攻は、当初のウクライナ東部に居住するロシア系住民の処遇をめぐる地域紛争から、ロシアと西側連合の価値観戦争に転化してしまった。その背後には、西側連合のカトリシズムとロシアの正教という宗教的伝統がある。また今年10月7日にパレスチナのガザ地区に拠点を持つ武装集団ハマスがイスラエルに対するテロ攻撃を加えた。これに対して、イスラエルはガザ地区に対する地上戦を含む徹底的な掃討作戦を展開している。この背後にも、ユダヤ教とイスラム教の対立がある。ちなみに欧米キリスト教の基準でユダヤ教を理解しようとすると事柄の本質を捉え損ねる。

現代の危機を理解するためには、近代以降の学知だけでは不十分だ。そのことは以前から知識人のあいだでは認識されていた。第一次世界大戦による大量殺戮と大量破壊を踏まえて、神学の世界では、カール・バルトらの「危機の神学」（弁証法神学）が生まれ、哲学の分野でも世の中のあり方を根本的に見直そうとする存在論が流行した。日本の知識人も「近代の超克」という概念で、時代の危機を克服しようとしたが、結果として大東亜共栄圏の思想を補完する役割しか果たさなかった。

私（１９６０年生まれ）の世代は、１９８０年代半ばからポストモダン思想の嵐に巻き込まれた。この思想も当初はモダン（近代・現代）の限界を超克することが目標だった。私の場合、外交官になり、87年から95年までソ連崩壊前後のモスクワで生活したためにポストモダン思想（ソ連やロシアでも紹介はされていた）の衝撃を皮膚感覚で感じることはなかった。むしろソ連とロシアでは18世紀的な啓蒙の思想と19世紀的なナショナリズムが現実に影響を与えていたので、私はポストモダン的な危機意識を共有しなかった。

突き放して言うと、「大きな物語」を拒否し、「小さな差異」に固執したポストモダン思想は新自由主義に回収されていった。

現代の危機をモダンの枠組みで解決できないことは明白だ。そこで役立つのはポストモダンではなく、近代より前、プレモダンの思想である。古代のギリシャ、ローマだけでなく、バビロニアやエジプトにも通暁した本村凌二先生の話は、知的刺激に富むとともに有益だった。とくにイエスが仏教に触れていたというような大胆な作業仮説（ただし、学術的根拠はある）から学ぶ事柄が少なからずあった。

キリスト教では人間はひとり残らず（正確に言うとカトリック教会では聖母マリアを除く）罪を持つ、罪が形をとると悪になり、悪が人格化すると悪魔になる。悪が現実となったこの世界が不条理であるのは、当たり前のことなのだ。この状況から抜け出すためには信仰が不可欠と、プロテスタントのキリスト教徒である私は確信を強めた。

私との対談に忍耐強く応じてくださった本村凌二先生に深く感謝申し上げます。本書は、ベテラン・ライターの岡田仁志氏の尽力なくしては陽の目を見ることはありませんでした。どうもありがとうございます。

２０２３年11月26日、曙橋（東京都新宿区）の書庫にて

佐藤優

幻冬舎新書 717

宗教と不条理

信仰心はなぜ暴走するのか

二〇二四年一月三十日　第一刷発行

著者　佐藤優＋本村凌二

発行人　見城徹

編集人　小木田順子

編集者　武田勇美　相馬裕子

発行所　株式会社　幻冬舎
〒一五一-〇〇五一　東京都渋谷区千駄ヶ谷四-九-七
電話　〇三-五四一一-六二一一(編集)
〇三-五四一一-六二二二(営業)
公式HP　https://www.gentosha.co.jp/

ブックデザイン　鈴木成一デザイン室

印刷・製本所　中央精版印刷株式会社

Printed in Japan　ISBN978-4-344-98719-7 C0295
さ-27-1

*この本に関するご意見・ご感想は、左記アンケートフォームからお寄せください。
https://www.gentosha.co.jp/e/